頭がいい社長は
"会社のお金"の
ココしか見ない

90日で手残りを増やす「武器としての簿記」

1000社以上の財務改善を指導した
公認会計士 税理士 "黒字社長" こと

市ノ澤 翔

KADOKAWA

こんな悩みを抱えていませんか？

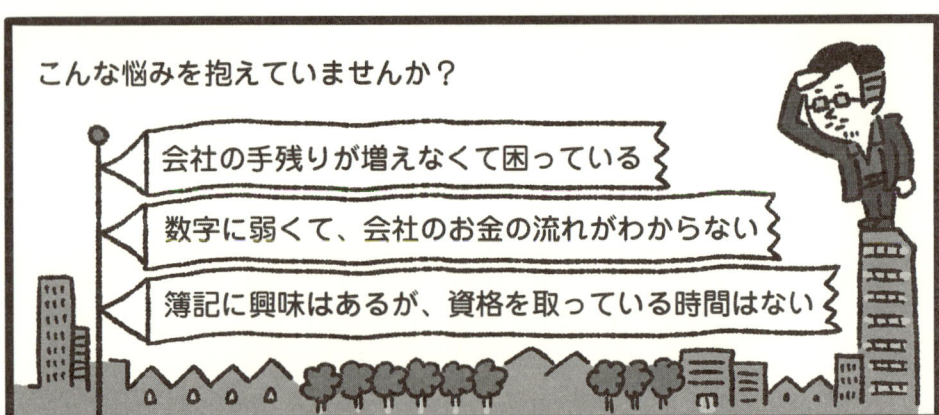

会社の手残りが増えなくて困っている

数字に弱くて、会社のお金の流れがわからない

簿記に興味はあるが、資格を取っている時間はない

本書を手に取っていただき、
ありがとうございます。
私は公認会計士にして、税理士。
クライアントの会社の財務を見て、
悪いところを改善して、
「どうしたら利益（お金）が残るんだろう」
と考えるのが仕事。

ひらたくいうと、「会社のお金のお医者さん」
といったところでしょう。
今まで、1,000社以上の財務指導を行い、改善させてきました。
ありがたいことに、評判が評判を呼び、
依頼を紹介制に切り替えても、「キャンセル待ち」が
続くような人気事務所になっております。

さて、本書を手に取ったということは、
1コマ目のような悩みを抱えている人が
ほとんどでしょう。

「会社の数字」を見ることは、
経営者にとって圧倒的に大事。
中小企業でも、財務改善で手残りが
数百万円〜数千万円単位で
変わることがあります。
60日〜半年といった短期間で
改善することもザラです。

では、一口に「会社の数字」を見るといっても、
まずは、何を学べばいいのでしょうか。
私はダントツで「簿記」をオススメします。

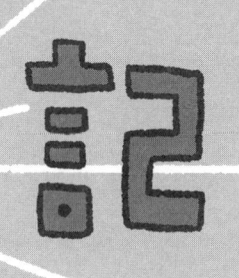

「え、決算書とか、財務三表じゃないの？」
と思った方もいるでしょう。
それも重要ですが、中小企業の経営者が
手残りを増やしたいなら、
まずは「簿記」。

なぜか？

決算書、財務三表は
複式簿記を元に作られます。

決算書が最終アウトプットだとしたら、複式簿記はそのプロセス。
人間の体に例えるなら、簿記は「腸」。決算書は「うんこ」です。
決算書が「下痢ピー」なとき、簿記の段階から正すのが根本治療。
地味だけど、超大事。

それが「簿記」なのです。

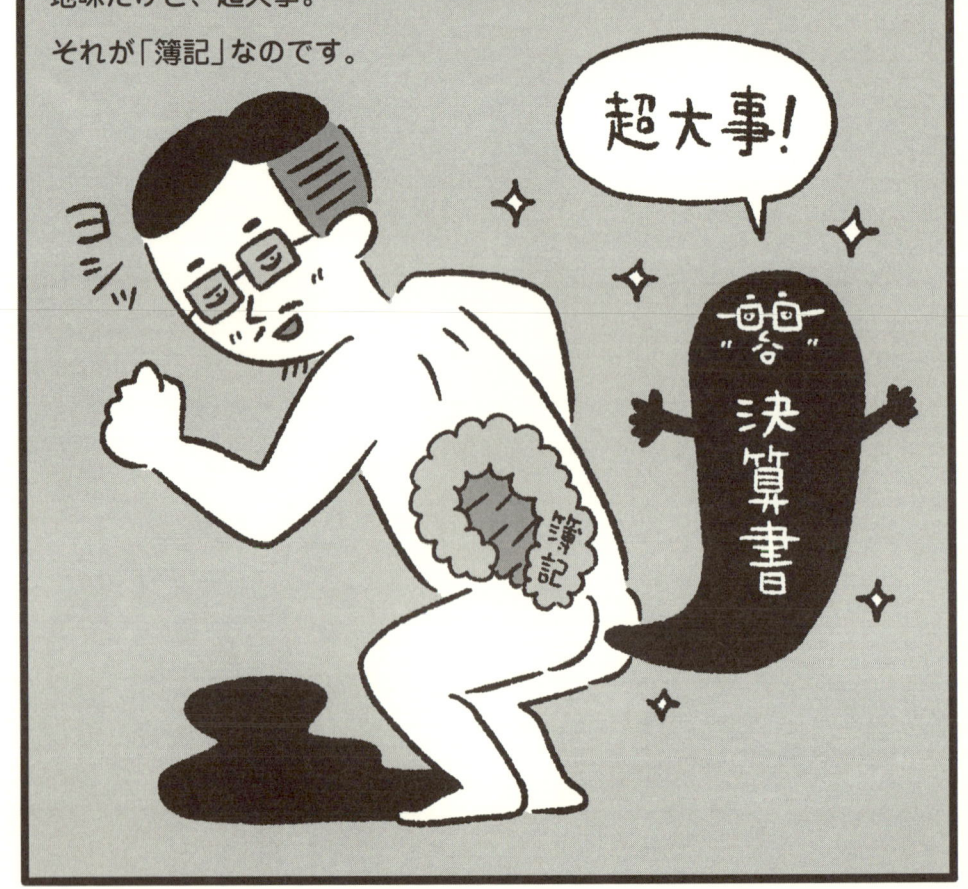

だから「簿記」を学びましょう。

「そんな時間はない」という方、
ご安心を。

資格を取るわけではないから、
「ココだけ押さえておけばOK」というポイントに
絞って解説してます。
手残りに直結するような「武器として」の
知識だけ書きました。
それも、難しい専門用語はできる限り避けて。

たとえば、簿記では「借方・貸方」と表現されます。
「どっちが、どっちだっけ？」と初心者が混乱するポイントですが、
本書では「左・右」と表現します。
複式簿記では、借方が「左」に来て、貸方が「右」に来るから、
それでいいんです。

前置きが長くなりました。

では次から、私が
「会社のお金のお医者さん」として、
実際に本書の知識を使って、
財務を改善した実例に移ります。

1人でも多くの経営者が手残りを増やせるよう、
祈りを込めて、本編スタート！

「簿記」でお金の流れが "鮮明" に浮かびあがる理由

CHAPTER 5

頭がいい社長は「損益計算書」のココしか見ない

終章 さわりだけ！経営計画を立ててみよう

本書の内容の多くは、2024年12月までの情報をもとに作成しています。本書刊行後、金融・税制に関連する法律や制度が改正される可能性がありますので、あらかじめご了承ください。

企画／小山 竜央
装丁／安賀 裕子
イラスト／山中 正大
校正／有限会社 小柳商店
本文デザイン／廣瀬 梨江
ＤＴＰ／キャップス
編集／前窪 明子

生まれ変わった
中小企業ケース3選
財務改善のカギとは？

当社がコンサルティングを行い、
実際に財務改善を実現した中小企業の事例を紹介。
いずれの会社も資金繰りが苦しい状態でしたが、
1つひとつの改善が功を奏し、
現在も会社は存続し、業績を伸ばしています。
今は難しくとも本書読了後はサラサラ読めるでしょう

短期プラン

短期継続融資を活用して1カ月でキャッシュフローを大改善

　1つ目の事例は介護事業者です。介護報酬の入金まで2カ月かかることもあり、運転資金面での資金繰りに苦しんでいたといえます。さらに長期借入金5,000万円を5年返済で借りているため、年間の元本返済額1,000万円が資金繰りを苦しくしている要因となっています。そこで、**借入金の見直しを行いました。**

BEFORE

資金繰りが苦しい！

借入金
の見直し

貸借対照表

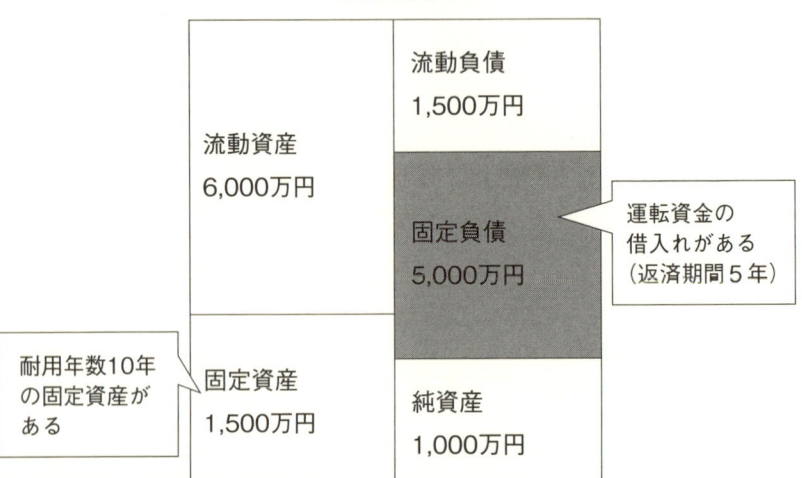

流動資産
6,000万円

流動負債
1,500万円

固定負債
5,000万円

運転資金の
借入れがある
（返済期間5年）

耐用年数10年
の固定資産が
ある

固定資産
1,500万円

純資産
1,000万円

　まず、長期借入金のうち、運転資金にあたる2,500万円を短期継続融資に借り換えることにしました。短期継続融資を活用すると、金利さえ払えば、元本返済が不要になります。

　金利は一般的に年0.5%～1.5%ですので、2,500万円を借りても金利負担は年間で12万円～37万円程度ですみます。

　次に、残り2,500万円の長期借入金についても、**5年の返済期間を固定資産の耐用年数である10年に延ばした**ことで年間の元本返済額が250万円に減少し、返済負担が軽減しました。

　結果として－500万円だった年間のキャッシュフローが750万円（1,000万円－250万円）改善し、売上・利益などの業績はそのままで、毎年250万円（－500万円＋750万円）が手残りとして会社に積み上がるようになりました。

AFTER 1カ月後

キャッシュフローが**大改善**！

貸借対照表

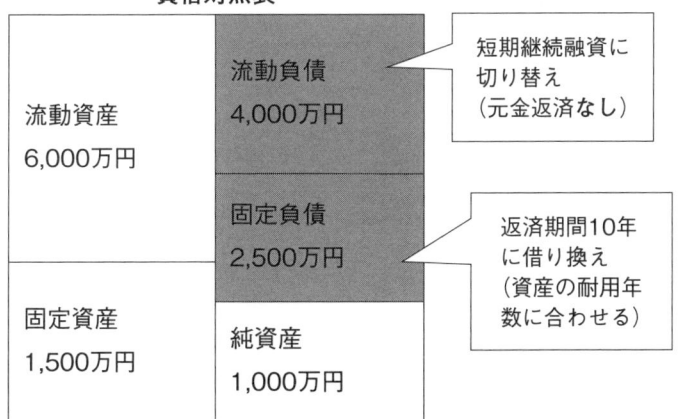

流動資産 6,000万円	流動負債 4,000万円	短期継続融資に切り替え（元金返済なし）
	固定負債 2,500万円	返済期間10年に借り換え（資産の耐用年数に合わせる）
固定資産 1,500万円	純資産 1,000万円	

【貸借対照表の項目の説明】
流動資産…1年以内に現金化する資産　　流動負債…1年以内に支払う負債
固定資産…1年を超えて保有する資産　　固定負債…1年を超えて支払う負債
　　　　　　　　　　　　　　　　　　純資産…資本金など（資産－負債で計算）

中期プラン

債務超過の状態から3年で
内部留保のある会社に大変身!

　2つ目の事例は、創業40年の運送業を営む会社です。平均年商は10億円弱でしたが、直近2期連続赤字の状態でした。

　貸借対照表を見ると、負債が非常に多く、すべての資産を処分しても債務を返済できない**債務超過の状態に陥りかけていること**がわかります。純資産は、利益剰余金のマイナス（赤字の積み重

BEFORE

債務超過寸前の状態

地道な
改善策の実施

貸借対照表

流動資産 2億8,000万円	流動負債 1億9,000万円
	固定負債 3億円
固定資産 2億1,000万円	純資産 0円

債務超過寸前の状態

損益計算書

売上	9億円
当期利益	−3,000万円

ね）が資本金を食いつぶし、0になっています。

　そこで、厳しい財務状況を改善するために、数字の管理を徹底するとともに、地道な改善策を積み上げていきました。

　具体的には、運送ルートの見直し、ETC利用方法の見直し、赤字案件の受注ストップ、車両の入れ替え方針（投資計画）の策定などです。

　赤字案件の受注をストップしたので、売上は減ったものの、改善開始から3年経過し、利益率が大きく改善し、税引後利益が数千万円残るようになりました。赤字が積み重なった結果、債務超過寸前だった貸借対照表も、**利益を積み増し、自己資本比率が上がっています。**

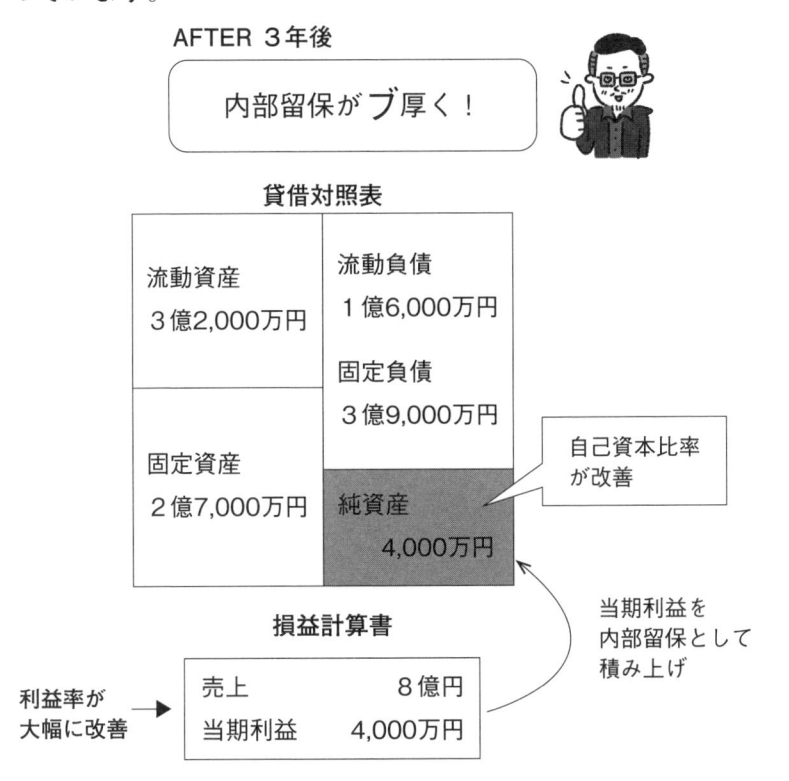

AFTER 3年後

内部留保がブ厚く！

貸借対照表

流動資産 3億2,000万円	流動負債 1億6,000万円
	固定負債 3億9,000万円
固定資産 2億7,000万円	純資産 4,000万円

自己資本比率が改善

当期利益を内部留保として積み上げ

損益計算書

利益率が大幅に改善　→

| 売上 | 8億円 |
| 当期利益 | 4,000万円 |

長期プラン

支払サイクルを長くして資金を確保し、5年で財務体質を改善

　3つ目の事例は、自動車整備業者です。

　売上と利益は確保できているものの、現預金残高が45万円と月商の7分の1以下しかなく、**入金が遅れるなど不測の事態が起こると、すぐに資金ショートしてしまう状態**でした。

　また、過去の銀行との関係性から新規融資も見込めない状況で

BEFORE

すぐ資金ショート

支払サイクル
の見直し

貸借対照表

現預金残高が
月商の7分の
1しかない

流動資産	流動負債
600万円	500万円
固定資産	純資産
100万円	200万円

新規融資を受け
られない状態

損益計算書

売上	4,000万円
当期利益	200万円

した。

　そこで、現状の厳しい資金繰りを改善すべく、支払手形を活用するなど、支払いをできるだけ遅くすることから改善を始めました。

　歴史のある会社で、もともと支払手形を使っていたこともあり、取引先にもすんなり受け入れてもらうことができました。

　経営者は、資金繰りで頭がいっぱいという状態から脱したことで、前向きに経営に取り組む余裕ができ、そこから、さまざまな改善策を実行し、売上もアップしていきました。

　経営に裏技はありません。地道に改善を重ねることが一番大切です。この会社は５年で手元資金を改善しつつ、毎期着実に内部留保を積み上げて強い財務体質への転換に成功しました。

AFTER ５年後

資金繰りが**超**ラクに！

貸借対照表

流動資産 3,800万円	流動負債 1,300万円
	固定負債 700万円
	純資産 2,500万円
固定資産 700万円	

買掛金を
支払手形に

損益計算書

| 売上 | 7,000万円 |
| 当期利益 | 1,000万円 |

当期利益を
内部留保として
積み上げ

儲かる社長は必ず「数字に強い」理由

スゴい経営者は
やっぱ違いますよ

経営者なら、数字という コンパスをもとう

・数字を見ずに、正しい経営判断はできない
・会社をダメにする経営者は数字に弱い
・ゴールから逆算して計画を立てよう

数字を見ない意思決定は、失敗する

　経営者は経営をするうえで、絶対に数字に強くなければなりません。しかし、会計や財務については習ったこともないし、よくわからん‼　という方は、とても多いです。
「私は数字に強いです」と自信をもって言える経営者は、実際、あまりいないのではないでしょうか。

　経営者は、さまざまな場面で判断・決断を求められます。多額の設備投資や新規事業への進出など、会社の命運を左右する大きな決断を迫られることもあります。
　その**経営判断は、将来、会社の利益・手残り（お金）を増やすことができるものでなければなりません。**

　数字を見ずに意思決定ができますか？
　できませんよね！
　数字がわからないということは、いま会社がどの方向に進んで

いるのか、わからない状態で走り続けているようなものです。

　大海原のど真ん中で、数字というコンパスをもたず、いまいる場所さえわからないという状態では、目的地にたどり着くことはできませんよね。下手をしたら、座礁して沈没、なんてことにもなりかねません。

　多くの会社が、経営判断の誤りから損失を出したり、会社のキャッシュを減らした結果、倒産に至っています。

　数字のことが一切わからないまま、運良くベストな決断をし続けられることは、あり得ません。

数字に弱い？　なら儲かりません！

経営者が数字に弱い会社で、儲かっているところは残念ながらほぼゼロです。

　数字は苦手だと口にする経営者も、よくよく話を聞いてみると、決算書の読み方などの知識はさほどなくても、押さえるべき重要な数字はきちんと把握しています。だから、会社が存続し、業績も伸びているのです。

　会社を経営していくためには、数字を見なければならないという意識をもって取り組んでいただきたいと思います。

どんな数字を押さえればよいかは
これから解説します！

目指すゴールから、逆算して考えよう

経営を継続していると、どんどん目の前の仕事が忙しくなり、「何をすべきなのか」「どこへ向かっているのか」を見失ってしまうことがあります。

経営者は、いまどこに向かっているのか、という軸をつねにしっかりもっておく必要があります。

経営目的は企業によってさまざまで、行先（ゴール）によって、経営判断は異なってきます。

たとえば売上10億円を目指すのと100億円を目指すのとではやり方が変わってきます。どちらが正しいということではなく、行先によって経営判断は異なってくるということです。

「5年後・10年後にどうなっていたいのか」
から逆算して、
「ゴールに到達するためには今年何をしなければならないのか」
を明確に決めて実践していかなければなりません。

目的地に到達するには、ゴールから逆算して、いまやるべきことを決定していくことが必要です。

会社がとりあえず存続していると、客観的には良くない状態でも、「なんとか回っているから」と、新しいことへのチャレンジや改善努力をしなくなることがあります。

また、成り行き任せで何となく経営していて、経営者が赤字に慣れてしまっているケースもあります。

そんなときには、当初目指していたゴールがどこなのか、どの

あるべき姿・理想へ向かっていこう

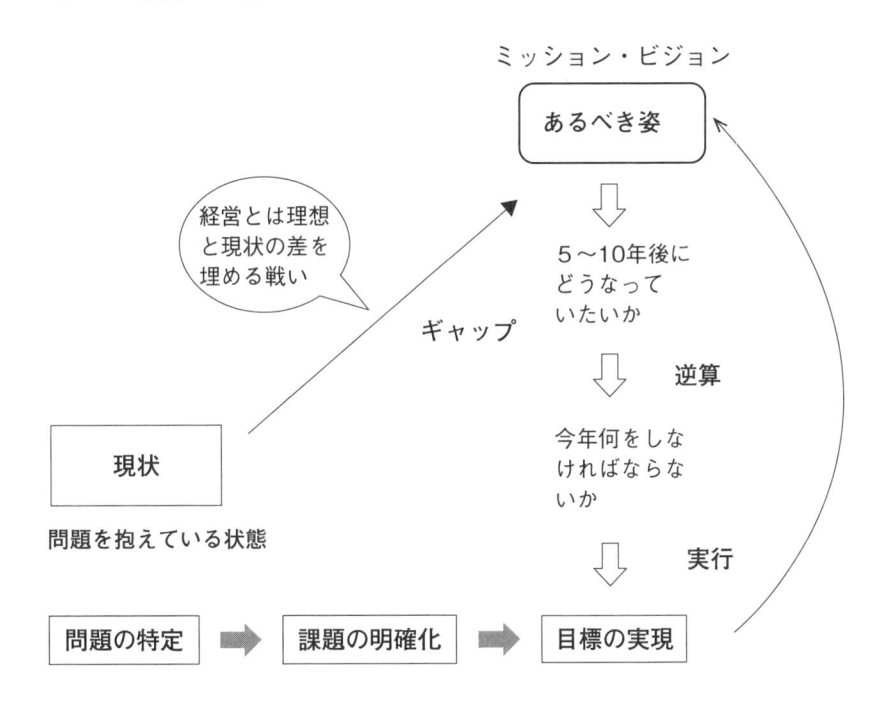

ミッション・ビジョン

あるべき姿

5〜10年後に
どうなって
いたいか

逆算

今年何をしな
ければならな
いか

実行

経営とは理想
と現状の差を
埋める戦い

ギャップ

現状

問題を抱えている状態

問題の特定 ➡ 課題の明確化 ➡ 目標の実現

当初の思いや
原点も忘れずに！

ような経営目標やビジョンを掲げていたのか、原点を思い出して
みましょう。

YouTuberは、登録者を増やしても幸せになれない

ゴールを設定する際に、売上100億円などを目標にして、とに
かく**規模の拡大を目指す方がいます。**
しかし、その決め方はおススメできません。
数字で目標をあらわすことは重要ですが、目標を達成した結果、
自分のやりたいこと（社会貢献したい、自分の商品やサービスを
広めて世の中を良くしたい、贅沢したいなど）が実現できるのか
を考えて設定しましょう。

たとえば、YouTuber の場合、もっともわかりやすい指標は登
録者数です。登録者数を増やしたいと考えている方が多いですが、
達成した結果どうなりたいのか、という目的がなければ「目指せ
100万人」「じゃあ次は200万人だ」と**ひたすら数字を追い求め続
けることとなり、疲弊していきます。**
気づけば「自分は何をやっているんだ」と、数字の奴隷のよう
な状態に陥ってしまっており、幸せにはなれません。
経営における売上を増やすことも、YouTuber が登録者数を増
やすこともあくまで手段でしかなく、何をやりたいのか目的をしっ
かり考える必要があります。

何より大切なのは、会社の存続

本書を読み進める前に、企業経営にとって、もっとも大切なこ

とを確認しておきましょう。

もっとも大切なのは、企業を存続させることです。

経営者は、会社を儲けさせ、存続・継続させることによって、従業員の雇用責任を果たし、事業を通じて顧客や従業員などの利害関係者すべてを幸せにすることができます。そうなって、はじめて本質的な成功といえるのです。

経営者は誰しも夢や目標、野望や欲望をもって起業したはずです。会社がなくなってしまったら、世の中に広めたかった商品もサービスも、実現することができません。

どうにか黒字を死守しなければいけないという認識をもって、**「このご時世だし」「物価が高いし」などと言い訳をせずに、逃げずに、赤字経営を脱していただきたいと思います。**

経営者は、数字をしっかりと見て、適切な経営判断を下し、会社にお金が残る状態をつくっていかなければなりません。

自分の決断・行動のすべては、最終的には数字としてあらわれます。

その数字をしっかりと見ていきましょう。

＼ **黒字格言** ／

会社を存続させる、
それが経営者の使命です

危機に強く、潰れない 会社がしていること

- どんな状況下でも他責思考に陥らない
- 生き残りのカギは、危機への即応力
- 耐え抜くためのブ厚い内部留保を備えておく

10年後生き残れる会社は100社中6社!?

企業の生存率はどれほどなのか、知っていますか？

さまざまなデータがありますが、日経ビジネス Web 版の記事によると、ベンチャー企業に限っていえば、その生存率は、**創業から5年後で15.0%、10年後になると6.3%。さらに、20年後の生存率は0.3% と非常に厳しい数字**になっています（シリーズ、慶応ビジネス・スクール EXECUTIVE、2017.3.21）。

「企業の寿命は30年」と言われるように、会社を継続することのむずかしさがわかります。

会社が苦境に陥ると、多くの経営者が事業環境の変化や予期せぬトラブルに原因を求めます。

「新型コロナウイルス感染症さえなければ」「リーマンショックさえなければ」といった具合です。しかし、新型コロナウイルス感染症の流行がなかったら、どうなっていたでしょうか。

赤字企業の割合

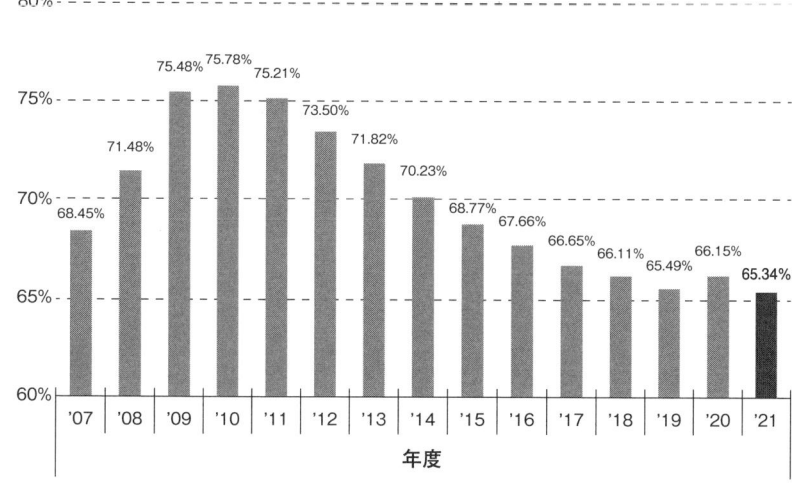

赤字法人率推移

東京商工リサーチ作成

　コロナ禍以前でも、中小企業の約7割は赤字の状態でした。毎期赤字を出して少しずつ財産を減らしながら、金融機関の融資を得て、生き延びてきたのです。

　コロナ禍がなくても、どこかの時点で資金が尽きてしまう未来は変わらなかったことでしょう。**コロナ禍は、もともと業績の悪かった中小企業の淘汰を、一気に推し進めた側面もあります。**

借金で延命するゾンビ？　お金の使い方を変えよう

　無利子・無担保のコロナ融資は、業績悪化により資金繰りに苦しむ企業を救った半面、いわゆる「ゾンビ企業」を量産させることにもつながりました。

　借金で延命できても、お金の使い方を根本的に変えなければ、

倒産へ向かうという流れを変えることはできません。

　不足資金にあてるだけで何の利益も生み出せなければ、当然、返済は進まず、借金だけが丸ごと残る結果になってしまいます。正しいお金の使い方とは、借りてきたお金を使って、借りたお金以上の利益を生み出すことです。

「他責思考」に陥らず、すぐ動き、手を打つ

　会社を経営していれば、10〜20年に一度は、必ず事業環境の変化、予期せぬトラブルなど、何かしらの不測の事態が起こります。

　過去にも、バブル崩壊（1991〜1993年）、リーマンショック（2008年）、コロナ禍（2019年〜）など、さまざまな出来事がありました。

　このようなときに、**経営者がどれだけ早く動いて対策を打てるかが企業の生き残りのカギとなります。**

　私のお客様のなかにも、新型コロナウイルス感染症の影響で売上が9割減となったところがありました。すべてを投げ出してもおかしくない状況でしたが、経営者の動きが非常に早かったのです。状況が変わるのをただ待つのではなく、自社でできることは何かないかと、さまざまな新規事業を立ち上げました。

　当然、うまくいかない事業もありましたが、うまくいった事業を集中的に伸ばした結果、コロナ禍で生き残り、さらに事業を拡大し続けています。

　生き残るために、本気を出して改善していける会社は、実際はそれほど多くありません。

　「コロナのせい」「社会のせい」「元請けのせい」という**他責思考に陥る会社は、自社を改善するという本質的な対策をとらないた**

め、倒産の方向に向かいがちです。

　いつか元に戻るかもしれない、それまで何とか耐えよう！　ではなく、変化して、対応して、改善して、とにかくうまくいくまでやり続けて、生き残っていくのです。

　他社との差別化ができ、価格以外の理由で選ばれる状態になっていれば、生き残れる可能性は高くなります。

　このことも、コロナと関係なく本質的なところです。

くるならこい！　内部留保をブ厚くしておこう

　絶対に潰れない強い会社にするためには、日頃から売上・利益を上げ、キャッシュを十分に備え、内部留保を厚くしておくことが必要です。

　コロナ禍に上場企業の株式会社オリエンタルランドは、何カ月もディズニーランドを休園しましたが、倒れることはありませんでした。たくさんの利益を出し、自己資本比率8割超という膨大な内部留保があったからです。これが、自己資本比率10％というような多くの中小企業と同じ状態であれば、耐え抜くことはできなかったでしょう。

　危機的な状況下で果敢にアクションを起こすためにも、キャッシュの裏づけは必要です。日頃から十分な内部留保を積み上げて、キャッシュを備えておいてください。

＼ **黒字格言** ／

経営者の素早い動き、そして
会社の内部留保とキャッシュが
危機を乗り越える力になる

経営者が見る数字は、売上よりキャッシュ！

- ・年商が多いのは、成功の証ではない
- ・会社規模が大きくなると、倒産しやすくなる
- ・優先順位は、キャッシュ>利益>売上

年商10億を目指して赤字になる企業が続出!?

「売上は多ければ多いほどよい」と考えていませんか？

年商の多い企業は、一般的に儲かっている企業というイメージがありますよね。

テレビなどでも「年商10億円の会社の社長」という具合に、年商をもとに、凄腕の経営者として語られることが多いです。

でも、**年商10億円の社長、すげえ！　そう思った方は、気をつけてください。経営者は、この発想ではいけません。**
年商が多くても、必ずしも会社が良い状態であるとは限らないからです。利益もキャッシュもない状態かもしれません。

たとえば、年商1億円の会社の経営者が、死に物狂いで働いて、5年後に憧れの年商10億円を達成したとします。

しかし、成功企業の経営者として一目置かれるようにはなったものの、結果的に大赤字になり、キャッシュも減らしてまったと

いう事例が非常に多いのです。

　それなら、1億円の売上のままで黒字経営をしていたほうが、はるかにマシだと思います。

会社が成長すると、必要資金が多くなるので注意

　売上1億円の会社より売上10億円の会社のほうが倒産しやすいというのは、売上規模が大きくなると、必要になるお金が増え、キャッシュが減りやすくなるからです。

　経営を行っていくうえでもっとも重要なことの1つは、利益とキャッシュを増やすことです。

　売上増は、あくまで利益やキャッシュを増やすための手段であって、決して目的にしてはなりません。

　売上だけを見ていると、会社にとって良くない状況に気づきにくくなるのです。売上と利益・キャッシュは比例して増えるとは限らず、むしろ減ってしまうケースも少なくありません。

　年商が増え、規模の大きい会社になるほど運転資金は増えます。また、固定費（間接部門のコストや家賃など、売上の増減と関係なく発生する費用）もどうしても増えていきます。

年商10億円？
ぜんぜんすごくないよ

たとえば、従業員が3名だけの企業と300名の企業とでは、間接部門のコストがまったく異なります。

間接部門とは総務部・人事部・経理部などの管理部門のことですが、企業の規模が大きくなるほど間接部門の人数は増え、その人員が勤務するための広いオフィスも必要になります。規模を拡大すると、コストがどんどん増えていきます。

売上の増加とコストの増加が完全な比例関係にあるのなら、問題はありませんが、間接部門のコストなどの固定費が増えると、損益分岐点売上高（利益も損失も出ない水準の売上高のこと：142ページ参照）が上昇してしまいます。

そのため、**ちょっと売上が減少すると、増加した固定費を賄いきれず、途端に赤字に転落してしまうのです。**

このような理由で、規模の大きい会社ほど危機に陥ったときに倒産する確率が高まるため、会社の規模拡大は、その規模に見合った利益を出せる状態になってから行うことが重要です。

経営者は、売上より利益やキャッシュを重視する姿勢をぜひ身につけていただきたいと思います。

倒産企業の4割は、なんと黒字だった

ここで、ちょっと怖いデータを紹介しましょう。

企業の存続がむずかしいということは前にもふれましたが、東京商工リサーチの調査によると、倒産企業の40%程度は黒字倒産となっています。

黒字で儲かっているのになぜ？　と思われるかもしれませんね。黒字倒産とは、帳簿上（決算書上）で利益が出ているのに、仕入先への支払いや借金返済などにあてるためのキャッシュ（現金・預金）が不足して、倒産してしまうことです。

　この黒字倒産40％という数字は、売上・利益より、会社にキャッシュを残しておくことがどれほど重要なのかを示しています。

　1990年に設立された株式会社アーバンコーポレイション（不動産業）は、短期間に急成長を遂げ、黒字経営を続けていた会社です。

　しかし、キャッシュが恒常的にマイナスであるにもかかわらず、新規不動産に多額の投資をして事業拡大をはかり続けました。そこに、サブプライムローン問題が発生したのです。

　不動産市場は悪化し、自社の不動産売却も進展せず、キャッシュが回らなくなってしまいました。借入れでしのごうとしましたが、金融機関の融資基準も厳しくなり、資金調達が困難となり、2008年に経営破綻しています。倒産時の負債総額は、2,500億円以上にものぼりました。

　会社を存続させるためには、いかに会社にお金を残せるかが大切です。**売上が少なくても、会社にお金が残る状態をつくれれば会社は強くなっていきます。**

　経営の優先順位はキャッシュ＞利益＞売上であり、売上より利益やキャッシュのほうが重要だということをしっかり押さえておきましょう。

＼　**黒字格言**　／

売上・利益よりキャッシュが大事。
キャッシュを積み増していきましょう

経営者が孤独になるのは、相談できる人がいないから

・経営者は仕事のプロだが、経営のプロではない
・税理士も、経営のプロとは限らない
・同じ考えや理念をもっている専門家を見つける

経営者の65%は、経営相談をできずにいる

経営者は華やかな生活を送っていて、孤独とは無縁というイメージをもつ方は多いと思います。経営者の周りには、従業員や経営者仲間もいますし、いろいろな団体に所属しているなど、人とふれ合う機会も多いです。

しかし、経営者は孤独です。

それは、文字通りの一人ぼっちという意味ではなく、**経営について相談できる相手がいないということです**。経営に不安を感じていても、身近な従業員や家族に相談することは、業績が良いときですらむずかしく、業績が悪化したときには、なおさら困難になります。

やや古いデータですが、2011年の中小企業庁のホームページの資料によると、「定期的な経営相談をしていない」と回答した経営者は約65％に及んでいます。

　自分で解決方法をもっている経営者は少なく、経営相談ができる相手がいないことによって、不安定な経営状況に陥っているケースも多いのです。

　中小企業の経営者は、仕事に関しては素晴らしいプロフェッショナルであっても、財務・会計などの知識がないことも多く、経営のプロフェッショナルとはいいがたい面があります。

顧問税理士をあてにしてはならない

　そのため、多くの経営者は顧問税理士に経営相談をしたり、アドバイスをしてもらうことを期待していますが、そこに大きな期待ギャップがあります。

　顧問税理士に対する不満の第1位は、経営について何もアドバイスがもらえないことだったりするのです。

　税理士の専門分野は税務や会計であって、経営ではありません。資格試験の科目にも経営に関するものはないので、税理士が**経営に関するあらゆる知識や最新情報にも精通しているはずだというのは幻想にすぎません。**

　また、時代はものすごいスピードで変わっていきますので、そうした知識もつねにアップデートしなければなりません。

税理士は経営の専門家
ではありませんよ

たとえば、若手経営者は業務の効率化をはかる意味でも、クラウド会計システムを使いたいと考えることも多いです。

クラウド会計システムは、インターネット上のサーバでデータを管理し会計処理を行うシステムです。会計ソフトをパソコンにインストールする必要もなく、パソコンのハードウエアの障害によるデータ消失の危険性も低減するため、会社にとってメリットのある方法です。

ですが、税理士業界は、平均年齢が60歳以上と高齢です。なかには、いまだに手書きで申告書を作成している会計事務所もあります。そのようなところが、クラウド会計ソフトのしくみや活用法を説明できるでしょうか？

税理士といっても、新しい知識をインプットする時間がとれていないと、会計処理システムのような基本業務に対応しようとするだけでも、手間がかかってしまいます。

税理士の立場からすると、格安の顧問料で経営アドバイスまで行う余裕はないというのが実際のところだと思います。

会計処理や税務申告書の作成、月次決算、年次決算、税務相談などの業務だけでも、税理士には相当の手間がかかります。税理士といえども、時給に換算すると、相当安い状態で働いていたりするのです。

良い専門家を見つけたら、報酬を惜しむな！

経営者の孤独を解消し、税理士や公認会計士への期待ギャップを減らす方法は何か。

それは経営者自身が学び続けるのは当然として、**同じ考えや理**

念をもっている専門家を見つけることです。

　顧問税理士に限らず、経営コンサルタントや財務コンサルタントの場合でも、「会社にとって必要な知識」をもっている人と組んでいくことが重要です。

　そのようなプロフェッショナルに仕事をお願いする場合、単価は当然高くなります。少なくとも毎月10万円単位のお金はかかるでしょう。

　しかし、**払ったお金が高くつくか安くつくかは経営者次第です。**敏腕コンサルタントを雇ったとしても、その施策を実行するのは経営者ですから、経営者自身の行動が伴わないと、会社は何も変わりません。それでは支払った費用は回収できるはずもなく、ただの高い出費で終わってしまいます。

　一方で社長が行動を起こし、会社が良い方向に変われば、仮に月に100万円支払ったとしても安いといえる状態にすることができます。将来の成長は青天井ですので、自分で自分の限界を決めないことが重要です。将来への投資を惜しんでいては、じり貧の状態が続いてしまいます。

　優秀なコンサルタントの単価が高いのは当然のことです。**安くて優秀な人を見つけようという考えは捨てて、使うべきところにはしっかりお金を使える経営者になっていただきたい**と思います。支払った報酬以上の利益を出して回収する、という気概をもって取り組んでください。

　財務戦略を決定することは会社の成長に欠かせない重要な仕事ですから、経営者は人に任せるのではなく、自らが主体的にかかわりましょう。

Q1

経営者として成功するには ①_____ に強くなる必要があります。その理由は①に弱いと、誤って損失を出してしまうからであり、最悪の場合は ②_____ につながります。

Q2

日本のベンチャー企業の10年生存率はおよそ ③_____ % です。

Q3

日本で赤字の状態に陥っている企業はおよそ ④_____ 割 です。

Q4

黒字倒産とは、⑤_____ は利益が出ているにもかかわらず、⑥_____ が不足して、⑦_____ ができないため倒産してしまうことをいいます。日本の倒産企業のうちおよそ ⑧_____ % は黒字倒産です。

Q5

売上、キャッシュ、利益の3つを重要度の高い順に並べてください。

答え

Q6

経営でもっとも重要なのは会社を ⑨ [　　　　　] させることです。

Q7

年商1億円の企業より年商10億円の企業のほうが倒産しやすい理由は何でしょうか？

答え

Q8

あなたの会社が黒字倒産する可能性は高いでしょうか？　会社にキャッシュがどれほどあるか、帳簿や決算書などで確認してください。

答え

Q9

日本企業は資金繰りに悩む企業が多く見られます。あなたの会社で、なぜ会社のお金が減ってしまうのか、思いつく原因を書き出してみてください。

答え

まとめワークの答え

わからないところは、もう一度、該当箇所を読んで、復習してみてね

Q1 → ①数字、②倒産

Q2 → ③6

Q3 → ④7

Q4 → ⑤帳簿上、⑥キャッシュ（現金預金）、⑦支払い、⑧40（%）

Q5 → キャッシュ、利益、売上

Q6 → 継続・存続

Q7 → 年商の多い企業は必要なコストや運転資金が増え、不測の事態が起きたときに経営を立て直すのがむすかしいから

Q8 → キャッシュの望ましい水準はCHAPTER4で解説していますので、参考にしてみてください

Q9 → キャッシュの改善方法はCHAPTER5で解説していますので、原因を考えてみましょう

キャッシュ直結！ゼロからわかる財務三表

こわいものなし

知識

大企業が儲かっている理由を紐解くと?

- ・本業をガッチリ支えるのが財務の役目
- ・大企業のようなCFOは中小企業にはいない
- ・売上を上げる技術とお金を残す技術は別物

大企業では財務がガッチリ本業を支えている

「財務」という言葉を聞いたときに、みなさんは何を想像するでしょうか?

財務にはさまざまな定義がありますが、**経営者にとっての財務とは、ズバリ「資金繰り（お金の流れ）」のこと**です。

経営者であれば、当然、会社のお金の流れを把握しておく必要がありますが、実際にはできていないケースも多いです。

「失われた30年」といわれ、業績悪化に苦しむ中小企業がある一方で、大企業は過去最高利益を出しているところも多く見られます。大企業が儲けているのは、株式市場からの資金調達、生産性の高さ、価格決定権があること、輸出企業に有利な消費税制（輸出免税）など、中小企業とくらべてさまざまな有利な点があるからです。

しかし、**一番大きな理由は本業でしっかり稼げているから！** その本業をガッチリと支えているのが財務です。

　大企業は、お金をしっかりコントロールしてスムーズに回る体制を構築しています。社内には、必ず財務の専門家の「最高財務責任者（ＣＦＯ：チーフ・ファイナンシャル・オフィサー）」またはそれに類似するポジションの人がいて、資金繰りやお金の流れを見ているのです。

　財務の専門家は会社を成長させていくうえで非常に重要です。

　どんな大企業も、最初は中小企業からスタートしていますが、初期のお金がないときから、いち早くお金を会社に残せる状態をつくり、徐々に規模を拡大していきます。

　稼げるようになったらしっかり組織をつくろう、と考えるのは、順序が逆です。

　お金が会社に残る状態をつくれなければ、設備投資もできず、従業員を増やすこともできません。お金を残すためには、財務をしっかり管理することが必須なのです。

あれ、税理士さんは見てくれてない……？

　中小企業ではＣＦＯなどの財務の専門家がいる会社はほとんどありません。

　財務の専門家に顧問を依頼しようにも、少なくとも毎月15万〜50万円以上のフィーが発生するため、「そんなところにお金は使えない」とあきらめている方も大勢います。

　「顧問税理士に見てもらっているから大丈夫」と安心している経営者も多いのですが、**税理士は税務の専門家であって、財務の専門家ではありません。**

　そのために、実際には、**財務の分野を誰も見ていない、という状態になっていたりします。**

財務会計や決算書の話は専門用語も多くて取っつきにくいかもしれませんが、経営者である以上、「数字が苦手」「現場の仕事に注力しよう」「数字については税理士にすべて任せておこう」となってはいけません。

　資金繰りを把握し、改善できるのは経営者しかなく、従業員はもちろん、顧問税理士が勝手に資金繰りを改善するなんてことは不可能です。中小企業にＣＦＯはいませんので、経営者自身が財務を把握するしかありません。

財務なき売上アップは、倒産を招く

　売上をアップしようと頑張る経営者は多いですが、ビジネスにおける**お金の流れを理解し、お金を残す技術を身につけなければ、頑張って売上を増やしても、資金繰りがラクになることはありません。**

　財務をおろそかにしていると、むしろ売上が増えれば増えるほど資金繰りが悪化するというケースも多いのです。

　なぜ、そのようなことが起きるのかというと、経営者が売上金額は注視しているものの、売上を上げるために経費をいくら使っているのか、借入金の返済や設備投資にいくらお金が出ていっているのか、などの全体像を把握できていないからです。

　経営者が財務を知らずに売上アップを目指し続けた結果、倒産に至らせてしまうこともあります。

　しかし、財務がわかれば、資金繰りをプラスにするためには売上がいくらあればいいのか、売上がいくら増えれば手元に残るお金がいくら増えるのか、などが明確にわかるようになります。

　また、売上や利益がどれだけ減ると、会社が赤字になるかも、知ることができます。

　そうした財務の知識があると、赤字に転落することがないように必要な売上や利益の達成を死守しようと動くため、財務をわかっている会社のほうが存続し続ける可能性が高いのです。

売上を上げる技術とお金を残す技術は別

　数字が苦手などと言っている場合ではありません。

　会社を今後も存続させて、世の中に良い商品やサービスを提供したい、社会に貢献したい、自分自身や家族を幸せにしたいと思うなら、財務に積極的に取り組みましょう。

　経営者のみなさんは、「売上を上げる技術」をもっているので、まずは売上を上げようと考えます。そうすれば、お金はついてくる、と考える方が非常に多いです。

　しかし、「売上を上げる技術」と「お金を残す技術」は別です。感覚的にわかりづらい話でしょうが、経営者は、ここを理解しておかなければなりません。

　財務について理解する入り口は、決算書を読めるようになることです。そこで、これから決算書について見ていくことにしましょう。

＼ 黒字格言 ／

売上を上げる技術だけでは、
お金はついてきません。
お金を残す技術を身につけましょう

財務三表といわれる
決算書には何がある?

・数字は嘘をつかない
・数字がわかるとめちゃくちゃメリットがある
・財務三表の中身を押さえておこう

うちの決算書どう?　と尋ねてくる経営者

　決算書は何となく見ているけれど、内容をよく理解できていない、という方は多いでしょう。

　しかし、それでは決算書の数字が良いのか悪いのか、会社の経営状態や財務体質が良い状態なのか悪い状態なのかも正しく判断できません。

　私は経営相談の際に、経営者から決算書を見せられて、「どう思う?」と漫然と聞かれることがよくあります。そんなとき、経営者としては**決算書の内容が良いと思っている**ことが多く、「えっ?」と、こちらが真顔になってしまうのです。

　売上・利益が出ていても、実は債務超過の状態だったり、資金繰りがうまくいっていなかったりしています。私から見れば、決して良い状態ではなく、むしろすぐにでも治療が必要な状態です。

　一方で、成長し続けている企業の経営者は、「どう思う?」と、漫然と尋ねるようなことはありません。数字を見て、会社の現状

を把握しています。決算書に興味をもってしっかり見ていかないと、会社を良くできないことに、気づいているのです。

ここが基本！　決算書の役割を押さえておこう

では、そもそも決算書とはどのようなものでしょう。3つ特徴をあげておきます。

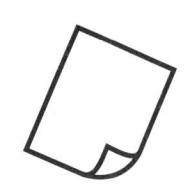

決算書とは
① 会社・社長の通信簿
② 経営活動の結果を数字であらわしたもの
③ 社会的な評価を受けるもの

①②については、わかりやすいと思います。

③については、数字は嘘をつかないので、会社の客観的評価を行う際には、決算書が見られるということです。

金融機関であれば、融資の可否を判断する際に、過去3年間の決算書の提出を求めてきます。

また、新規取引の際に、与信調査を行う会社もあります。決算書の内容が良ければ信用力が上がるので、当然、取引先企業などの見る目も変わります。

＼ 黒字格言 ／

決算書を読めるようになる、
ここがスタートラインです！

決算書はおもに貸借対照表、損益計算書の2つ

企業は通常、決算書（財務諸表）を1年に一度、作成します。

決算書には、おもに損益計算書（P／L）と貸借対照表（B／S）の2種類がありますが、これにキャッシュフロー計算書（C／F）を加えて、財務三表と呼ばれることもあります。

潰れない会社をつくるためには、強い財務体質にしていくことが重要です。決算書の読み方を身につけて、経営状態を改善し、強い会社に成長していけるようにしましょう。

①貸借対照表

貸借対照表は、たとえば決算期末など、ある一定時点において資産がいくらあるか、負債がいくらあるかなどの**財政状況がわかる決算書**です。

②損益計算書

損益計算書では、一定期間の経営成績がわかります。たとえば、4月1日～3月31日までの売上、経費、利益など、**通常1年間の業績をあらわします**。

③キャッシュフロー計算書

キャッシュフロー計算書では、1年間事業を行った結果、お金が増えたのか、減ったのか、増減の原因は何なのかなどがわかります。

中小企業は作成が義務づけられていないため、貸借対照表と損益計算書だけをつくっている会社が多いです。

３つの決算書とはどのようなものか

財務三表はつながっている

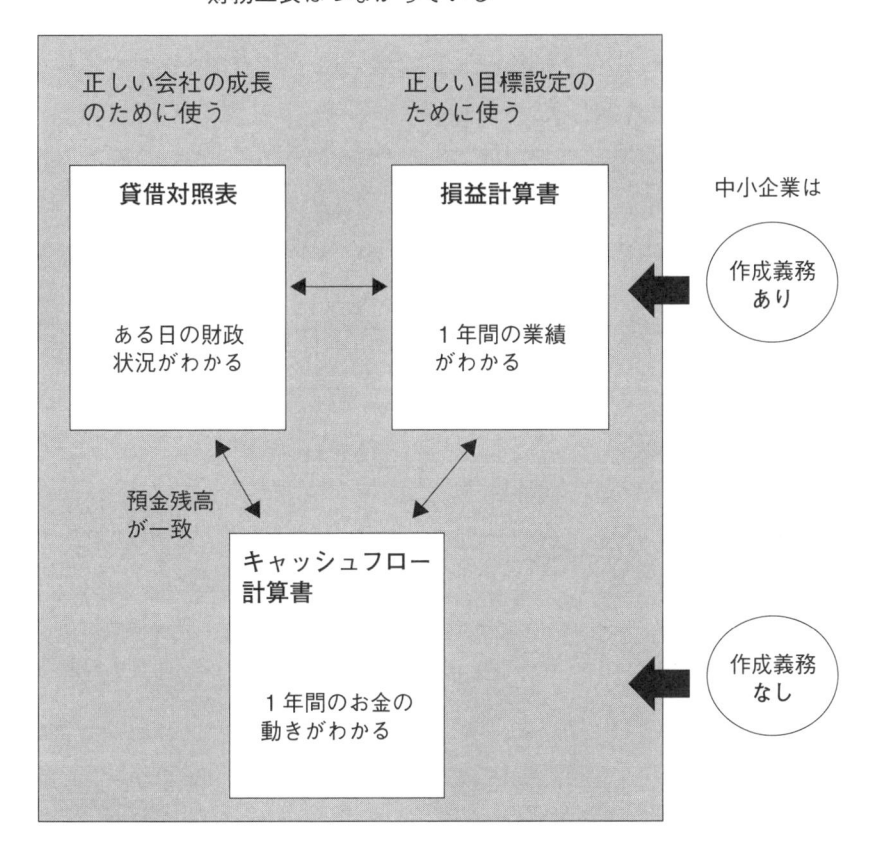

正しい会社の成長
のために使う

正しい目標設定の
ために使う

貸借対照表

ある日の財政
状況がわかる

損益計算書

１年間の業績
がわかる

中小企業は

作成義務
あり

**キャッシュフロー
計算書**

１年間のお金の
動きがわかる

預金残高
が一致

作成義務
なし

決算書が読める
メリット

倒産のリスクを
回避できる

資金ショートを
防げる

融資が受けやすく
なる

強い会社に
成長させられる

「貸借対照表」の中身を見てみよう！

- ・ある時点の財政状態をあらわすもの
- ・会社の歴史がすべて詰まった決算書
- ・経営者の人格までわかってしまう怖いもの

どっちが重要？　損益計算書と貸借対照表

　決算書には、損益計算書と貸借対照表の2種類があります。みなさんはどちらが重要だと思われますか？

　そりゃ、業績をあらわす損益計算書のほうが重要だ！

　こう答える方が多いかもしれませんね。

　損益計算書は、売上・利益などの経営者の関心度が高い項目で構成されており、多くの経営者が重視して見ている決算書です。会社は利益がなければ存続できないので、1年間の業績をあらわす損益計算書は、もちろんとても大事です。

　しかし、**経営者にとって重要なのは圧倒的に貸借対照表です。**

　なぜでしょうか。

　その理由は、会社経営を行ううえで一番重要なのは、会社を存続させることだからです。どんなに多額の利益が出ていても、貸借対照表の内容が良くなければ、会社は資金ショートを起こして倒産してしまいます。

　逆に、大赤字であっても、貸借対照表の状態が良ければ、いきなり倒産することはありません。極端な話、中小企業に1兆円の預金があれば、まず潰れることはないでしょう。

　損益計算書はなんとなくわかっても、貸借対照表はよくわからないので、苦手という人も多いですね。

　しかし、**貸借対照表がわかれば、会社は変な方向に進んだり、資金繰りに困ったりすることがなく、正しく成長していけるようになります。**

　貸借対照表が理解できれば、財務経営力は大きく向上するといえます。

創業からの歴史がギュギュッと凝縮

　また、損益計算書が1年限り（ある一定期間）の業績をあらわすのに対して、貸借対照表には過去のすべての歴史が詰まっています。

　よく損益計算書をフロー、貸借対照表をストックと表現しますが、それは損益計算書が通常1年限りの動き（フロー）であるのに対して、貸借対照表はストック、数字が蓄積していくものだからです。**創立30年の会社であれば、30年の歴史のすべてが貸借対照表に詰まっています。**

＼ **黒字格言** ／

貸借対照表も見方が
わかればカンタン。
財務経営力を上げていこう

たとえば、貸借対照表の「純資産の部」を見れば、創立からこれまでに稼いできた利益の蓄積額がわかります。創立30年の会社で、「利益剰余金」が3,000万円なら、3,000万円を30年で割って、平均して1年に100万円稼ぐことのできる会社だとわかります（3,000万円÷30年＝100万円）。

　企業経営とは、お金を集めてきて、そのお金を運用して利益を生み出すことです。
　貸借対照表は、その点からも、会社の事業活動のすべてがあらわされている決算書といえます。貸借対照表は大きく3つのボックスに分かれるのですが、右側が資金の調達方法、左側が調達したお金の運用方法を示しています。
　したがって、貸借対照表を見ると、会社がどうやってお金を集めてきて（右側）、どんな資産を運用して（左側）、利益を得ているのか、どれだけ効率よく利益を稼ぐことができているのか、そして過去どれだけ利益を稼ぎ出すことができたのかが、全部わかってしまうのです。

経営者の能力、性格、人格が丸見えに!?

　怖いことに、**貸借対照表を見れば経営者の能力、性格、人格など、すべてがわかってしまう**といわれています。
　「資産の部」を見てわかるのは、経営者の性格、人格です。
　会社のお金で高級外車や別荘を買い、資産の部に利益を生まない資産がたくさん並んでいたら、みなさんはどのようなイメージをもちますか？　経営者は会社を私物化する人だと思うかもしれませんね。また、事業に必要のない株式などがたくさんあれば、「社長は会社のお金で、投機的なものに手を出す人かもしれない」

という想像もできます。

　金融機関は、この会社は大丈夫なのかと警戒するでしょう。そのうえ借金があり、資金繰りが苦しい状態で、贅沢な資産をたくさん所有しているとなると、金融機関からの評価は下がり、融資もむずかしくなるでしょう。

「純資産の部」を見ると、経営者の能力がわかります。

　先ほども少しふれたように、純資産の部には「利益剰余金」といって、過去の利益が蓄積されている項目があります。利益剰余金が多く、自己資本に厚みがあるのは、会社が利益体質であることをあらわします。この厚みが示すのは、経営者の能力そのものでもあります。

貸借対照表からはいろいろな情報が読み取れる

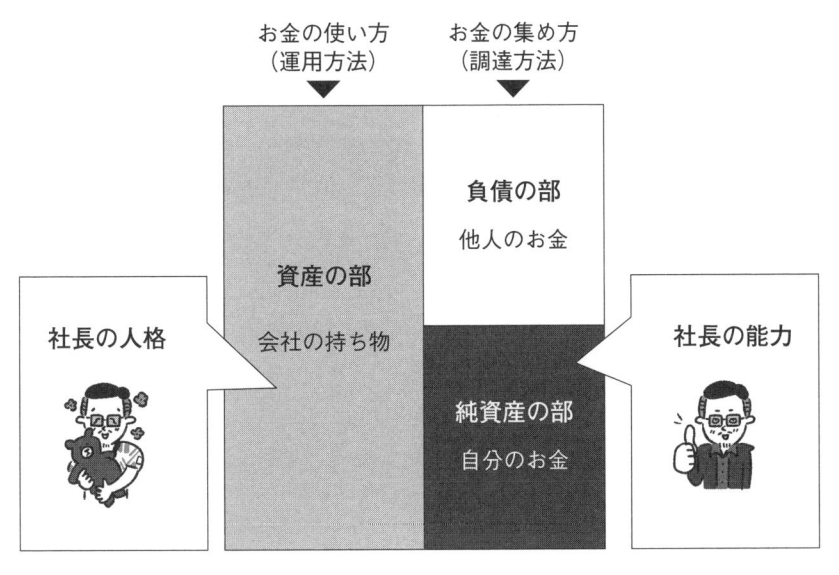

お金の使い方
（運用方法）

お金の集め方
（調達方法）

資産の部
会社の持ち物

負債の部
他人のお金

純資産の部
自分のお金

社長の人格

堅実？　派手好き？
投機好き？

社長の能力

ここが大きい
のはすごい人

一定時点の財政状態をあらわす決算書

貸借対照表は、一定時点の財政状態をあらわす決算書です。

次ページのように、資産の部、負債の部、純資産の部という3つのボックスで構成されており、左側の項目の合計と右側の項目の合計額は必ず一致（バランス）することから、英語ではバランス・シート、略してB／Sと呼ばれています。

ボックス1　資産の部

「資産の部」は、現金預金、売掛金、土地・建物など、会社がもっている資産の一覧です。会社の持ち物リストといえます。

ボックス2　負債の部

「負債の部」は、借入金や買掛金など、いずれ支払うお金、返すお金、将来的に会社から出ていくお金で構成されています。負債は他人（第三者）から調達したお金なので、他人資本と呼ばれています。

ボックス3　純資産の部

「純資産の部」は、会社を設立した際に出資した資本金や、会社が過去に稼いだ利益の蓄積（内部留保）などで構成されています。

負債が他人資本というのに対して、自分で調達してきたお金であることから、自己資本とも呼ばれています。

負債は基本的にいずれ支払うお金、返すお金、つまりは出ていくお金ですが、**純資産が多ければ、出ていくお金が少なくなるため、キャッシュは潤沢**になり、資金繰りも安定します。

貸借対照表の中身を見てみよう

貸借対照表

〇年×月×日現在

（資産の部）		（負債の部）	
流動資産	×××	流動負債	×××
現金預金	××	支払手形	××
売掛金	××	買掛金	××
商品	××	短期借入金	××
		未払金	××
固定資産	×××	固定負債	×××
有形固定資産	××	長期借入金	××
建物	××	負債合計	×××
工具・器具・備品	××		
土地	××	（純資産の部）	
		株主資本	×××
		資本金	××
		→利益剰余金	×××
		純資産合計	×××
資産合計	××××	負債及び純資産合計	×××

他人資本 ／ 自己資本

資産の一覧

資産を運用する ⇨ 利益を出す（損益計算書）

ココへ

貸借対照表の項目の内容

流動資産	1年以内に現金化する資産など	固定負債	1年を超えて返済する負債など
固定資産	1年を超えて保有する資産など	株主資本	株主の持ち分
流動負債	1年以内に返済する負債など	利益剰余金	創業以降の毎期の当期純利益が蓄積した金額

「損益計算書」の 中身を見てみよう

- ・1年間の経営成績をあらわすもの
- ・見るべきポイントは5つの利益
- ・貸借対照表を「つくる」ための決算書

1年間の経営成績がわかる決算書

　損益計算書は、１年間の経営成績をあらわす決算書です。

　次ページのように、売上高から始まって、売上を獲得するためにかかった原価や費用などを引き、最終的な当期純利益を算出するという構造になっています。

　カンタンにいうと、売上などの入ってくるお金があって（収益）、出ていくお金があり（費用）、残ったものが利益、というつくりです。英語では、プロフィット・アンド・ロス・ステートメント、略してＰ／Ｌと呼ばれています。

5つの利益をチェックしよう

　損益計算書には次ページのように、①売上総利益、②営業利益、③経常利益、④税引前当期純利益、⑤当期純利益という５つの利益が示されています。

損益計算書の中身を見てみよう

損益計算書

（自○年○月○日　至×年×月×日）

売上高		10,000	＋
売上原価		6,000	－
① 売上総利益		4,000	差額
販売費及び一般管理費		3,000	－
② 営業利益		1,000	差額
営業外収益	500		＋
営業外費用	800		－
③ 経常利益		700	差額
特別利益	0		＋
特別損失	50		－
④ 税引前当期純利益		650	差額
法人税等		200	－
⑤ 当期純利益		450	差額

金融機関が重要視

貸借対照表へ

損益計算書の項目の内容

売上高	商品や製品の売上高、サービスの売上高
売上原価	売上高に対応する部分の仕入や製造の原価
販売費及び一般管理費	販売や経営管理にかかった費用 人件費や地代家賃、広告宣伝費など
営業外収益	預金利息や配当金などの金融上の収入
営業外費用	借入金の支払利息などの金融上の費用
特別利益	売上高や営業外収益に属さない、臨時的な利益 固定資産売却益など
特別損失	売上原価や販売費及び一般管理費、営業外費用に属さない 臨時的な損失。固定資産売却損など

損益計算書の5つの利益が意味するところを知っておくことが重要です。

利益1　売上総利益（いわゆる粗利）

　売上高から、売上原価（売上高に対応する仕入や製造の原価）を引いたものが売上総利益です。粗利とか粗利益（あらり）といわれるものです。

利益2　営業利益（本業の利益）

　売上総利益から販売費及び一般管理費（給料手当や家賃などの本業にかかる費用）を引いたものが営業利益です。営業利益は本業の儲けをあらわしています。

利益3　経常利益（金融損益なども含めた利益）

　営業利益に営業外（本業以外）の収入や費用をプラスマイナスしたものが、経常利益です。

　営業外収益には、預金の受取利息や保険の返戻金（へんれい）、補助金などが、営業外費用には借入金の支払利息などが該当します。

　経常利益は、通常の事業活動による利益をあらわすものです。

利益4　税引前当期純利益（臨時的な損益を含めた利益）

　経常利益に臨時に発生した特別利益や特別損失をプラスマイナスすると、税引前当期純利益になります。特別利益と特別損失には、固定資産を売却した際の利益や損失などが該当します。

利益5　当期純利益（最終利益）

　税引前当期純利益から法人税などの税金をマイナスしたものが当期純利益です。

　これが最終的な1年間の利益となります。

当期純利益は企業を継続し、成長させるための源泉となるものなので、この金額をできる限り大きくすることが重要です。

損益計算書が貸借対照表を「つくる」

営業利益と経常利益は、金融機関が融資の際に見る重要な利益です。

とくに営業利益が２〜３期連続赤字になると、金融機関の信用はなくなってきます。支払利息は営業利益から支払われるため、営業利益が赤字というのは、元本返済はおろか利息の支払い能力すらないということをあらわしているからです。

極端な話、税引前当期純利益、当期純利益の数字が悪かったとしても、営業利益の数字が良ければ、銀行の評価点数は下がりません。

ただし、厳密には当期純利益の数字が悪いと、貸借対照表の数字も悪くなるため、そこで評価が下がる可能性があります。

どういうことかというと、損益計算書と貸借対照表はつながっており、損益計算書の当期純利益が貸借対照表の純資産の部に足されるためです。当期純利益が大きければ、貸借対照表もその分自己資本が厚くなり、良い状態になります。

＼ **黒字格言** ／

当期純利益は企業を継続するための
源泉になります。
どんどん大きくしていこう！

キャッシュフロー計算書 の中身を見てみよう

- ・1年間のキャッシュの動きに特化した決算書
- ・営業、投資、財務の3つの区分がある
- ・中小企業は「資金繰り表」を作成すべし

中小企業では作成しなくてOK！

　キャッシュフロー計算書は、**キャッシュ（現金預金など）の動きに特化した決算書**です。

　次ページのように、大きく、営業活動によるキャッシュフロー、投資活動によるキャッシュフロー、財務活動によるキャッシュフローの３つに区分されています。

　期首の現金預金に、この３つの区分の１年間の動きの合計額をプラスマイナスすると、期末の現金預金と一致します。

　キャッシュフロー計算書は、お金の流れがわかる重要な決算書ですが、中小企業では作成が義務づけられていないため、作成していない会社が多いです。

　また、理解しづらい内容になっているため、本書では基礎知識としてここで簡単に紹介するだけにしています。中小企業の経営者は、お金の動きについては、「資金繰り表」（現金の収入や支出を表にしたもの）をつくったほうが把握しやすいと思います。

キャッシュフロー計算書の中身を見てみよう

キャッシュフロー計算書
(自○年○月○日　至×年×月×日)

Ⅰ. 営業活動によるキャッシュフロー	金額
税引前当期純利益	100
減価償却費	20
売掛金　　　増減額	△20
棚卸資産　　増減額	20
買掛金　　　増減額	10
小計	130
法人税等支払額	30
営業活動によるキャッシュフロー	100
Ⅱ. 投資活動によるキャッシュフロー	
有形固定資産の取得による支出	△500
投資活動によるキャッシュフロー	△500
Ⅲ. 財務活動によるキャッシュフロー	
短期借入金の増減額	△20
長期借入金の借入による収入	500
長期借入金の返済による支出	△50
財務活動によるキャッシュフロー	430
Ⅳ. 現金及び現金同等物の増減額	30
Ⅴ. 現金及び現金同等物の期首残高	100
Ⅵ. 現金及び現金同等物の期末残高	(130)

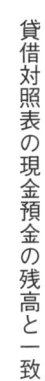 → 貸借対照表の現金預金の残高と一致

キャッシュフロー計算書の項目の内容

営業活動による キャッシュフロー	本業によってどれだけキャッシュが動いたかがわかる
投資活動による キャッシュフロー	設備投資や有価証券の売買などによって、キャッシュフローがどれだけ動いたかがわかる
財務活動による キャッシュフロー	借入れなどの財務活動によるキャッシュフローがわかる

決算書で注意したい3つのこと

・数字のことを後回しにするのは厳禁！
・月次決算で振り返り、改善の手を打つ
・数字にウソを入れてはならない

数字のことを後回しにしてはならない

経営者がなすべきことは、財務を理解して、会社の数字を良くしていくことです。

「そんなことを言われても、仕事が忙しくて数字を見ている暇なんて、ないよ‼」という方もいるかもしれません。しかし、私に言わせれば、順番が逆なのです。**経営者としての仕事をちゃんとやらないから、いつまでたっても忙しいまま**なのです。

決算書のどこが良くてどこがダメなのか、数字のことがよくわからないまま、経営の舵取りはできません。

「数字を見るより、現場の仕事のほうが得意だから」「従業員とともに汗を流すことが大事」。こう言う方もいます。たしかに、従業員と一緒になって現場で汗を流せば、従業員からの人望も厚くなり、パフォーマンスとしてはいいかもしれません。

ですが、結果として「忙しくて数字を見ている暇がない」という状態になってしまっていたら、本当に従業員を大切にしている

といえますか？

　大切にしているからこそ、従業員と同じことをやっていたらダメなのです。**お金を見るというのは、経営者にしかできない仕事です**。数字に強くなることより優先すべきことはない、と改めて肝に銘じていただきたいと思います。

　決算書をはじめとした数字を見て、会社の将来をデザインすることは経営者にしかできません。
　会社の未来を良くすることより、優先することってありますか？
　数字のことについては後回しにしない、といますぐ発想を切り替えてほしいのです。未来の会社をデザインすることは、従業員や税理士などに任せられるものではなく、経営者本人が主体的に取り組むことです。

タイムリーな月次決算で振り返りをする

　会社の将来を描くときには、数値目標を立てるだけでなく、目標を達成するための行動計画を策定し実行していきます。
　ただし、行動計画どおりに実行しても、成果がついてこないこともあるため、つねに結果を見て、改善していく必要があります。改善が早ければ早いほど、目標達成に近づくことができるといっても過言ではありません。

　行動計画を立てても、振り返りをしない経営者も多いのですが、経営者自身が、最低でも**月次で数字の振り返りを行い、結果が伴っていなければ、秒速で改善すること**が求められます。
　具体的には、少なくとも月次で数字を見て、分析して、問題点

を抽出し、ＰＤＣＡを回していく必要があります（次ページ図参照）。

　改善のスタートラインに一刻も早く立つためにも、翌月10日までには前月の数字が出るように月次決算書を作成することをおすすめします。顧問税理士に丸投げして帳簿をつくっている会社もありますが、月次決算書の作成が、数カ月遅れ・半年遅れなんてこともザラにあります。

　それでは、タイムリーに振り返りをすることができず、経営にとって一番重要な情報という武器を失うことになります。

　また、**記帳代行を依頼している場合、月次決算で正確な数字が出てくることは稀だと考えてください**。そんなことはないと思うかもしれませんが、記帳代行では、期中は簡単な会計処理を行い、決算時に正確な数字に修正していることが多いのです。

　そのために、決算処理が終わってふたを開けたら、儲かっていたはずが大赤字だったとか、その逆のパターンもあります。

　会社を良くしていこうと考えているのであれば、**自社で帳簿や決算書をつくる、いわゆる「自計化」ということを進めていかないとダメ**です。

数字をいじらず、正しい決算書をつくる

　決算書を見て現状を分析し、課題を抽出して改善し、将来の決算書を良くしていくためには、その前提として、正しい決算書がつくられている必要があります。

　一説によると、**中小企業の３割は数字をいじっているなどといわれています。みなさんの会社は大丈夫ですか？**

　よくあるのが、銀行融資を受けるために、売上を水増しして見

かけ上の利益を出しているようなケースです。

しかし、売上を水増ししたり、経費を少なく計上したりしていると、当然、会社の数字はゆがんできます。**数字が正しくなければ、経営分析自体ができなくなってしまいます。**

一度粉飾してしまうと、元に戻すのは大変です。次第にエスカレートして、取り返しのつかないことになります。また、銀行に粉飾が知られると、全額融資を引きあげられる可能性もあります。脱税や粉飾決算は、犯罪だという意識を強くもっていただきたいと思います。

数字をいじるのではなく、実態を良くして、強い財務状態の潰れない会社づくりをしていきましょう。

法律で決算書の作成が義務づけられているからとか、税金の申告のためにやむを得ずつくるというのではなく、自分の会社を良くするために正しい決算書をつくる必要があるという意識を、経営者にもっていただきたいと思います。

ＰＤＣＡを回そう

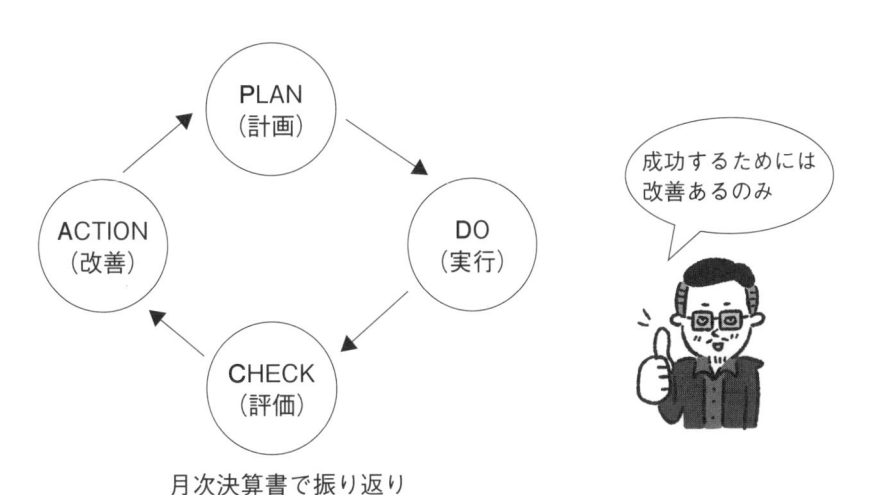

月次決算書で振り返り

Q1

経営者が重視すべき財務諸表（決算書）は、① [　　　] よりも ② [　　　] です。

Q2

貸借対照表には3つのボックスがあり、左側には ③ [　　　] の部、右側には ④ [　　　] の部と ⑤ [　　　] の部があります。

Q3

損益計算書は売上（収益）から税金以外のすべての ⑥ [　　　] を引くと ⑦ [　　　] が、⑦ [　　　] から ⑧ [　　　] を引くと ⑨ [　　　] が計算されます。

Q4

損益計算書で算出された ⑩ [　　　] が貸借対照表における ⑪ [　　　] の部に積み上がっていきます。

Q5

中小企業には、キャッシュフロー計算書の作成 ⑫ [　　　] はありません。

Q6

数字を見て会社の将来をデザインすることは、⑬ にしかできません。

Q7

会社の将来を描くときには、数値目標だけでなく、⑭ 計画を立てて、経営者自身が最低でも、⑮ で数字の振り返りをし、秒速で改善することが求められます。

Q8

社長が行うべき仕事は ⑯ をしっかり見て改善していくことであり、⑰ で汗水たらして働くことではありません。

Q9

記帳代行を依頼せず、自分の会社で帳簿をつくる状態にすべき理由はなんでしょうか。

答え

まとめワークの答え

Q1 → ①損益計算書、②貸借対照表

Q2 → ③資産、④負債、⑤純資産

Q3 → ⑥費用、⑦税引前当期純利益、⑧法人税等、
⑨当期純利益

Q4 → ⑩当期純利益、⑪純資産

Q5 → ⑫義務

Q6 → ⑬経営者

Q7 → ⑭行動、⑮月次

Q8 → ⑯数字、⑰現場

Q9 → 人任せにせず、自社で帳簿をつくらないと、経営者にとって
もっとも重要な数字という武器を失うことになるから
記帳代行ではタイムリーに正しい数字が出てこないから

「簿記」で お金の流れが "鮮明"に 浮かびあがる 理由

簿記がわかれば
決算書もわかる

頭がいい経営者は、簿記に目を向ける

- 簿記には経営に必要な知識が詰まっている
- 経営者なら最低限の簿記の知識はもっておこう
- お金の流れ、決算書の数字がわかりやすくなる

　一体、どうしたら数字に強い経営者になれるのか。

　その究極の答えは「簿記」を学ぶことです。

　こう言うと、「いやいや、簿記の検定試験を受けるのではないから」とか、「経理の仕事をするわけじゃあるまいし、簿記の知識なんて必要ない」と思われる方が必ずいます！

　しかし、逆に、**簿記を知らないでどうやって経営していくのですか**、と聞きたいです。数字に強い経営者になるためには、最低限の簿記の知識はもっておくべきなのです。

　余談ですが、簿記はなんと紀元前2,000年頃に発明されたといわれ、4,000年以上の歴史をもっています。12世紀頃には、ヴェネチアなどの商人たちが、商売のカギを握る「秘伝の記録法」として複式簿記を使っていました。

「複式簿記は人間の精神が生んだ最高の発明の1つだ」という台詞が、ドイツの文学者・ゲーテの小説『ヴィルヘルム・マイスターの修業時代』（岩波文庫、山崎章甫訳）に登場することでも有名です。

「立派な経営者は誰でも、経営に複式簿記を取り入れるべきなんだ」。ゲーテは登場人物にこうも言わせています。

まさに、そのとおりですね！　簿記は、相当昔に発明されたものですが、いまも変わらず使われている、とても価値の高い学問なのです。

経営の「動き」は簿記でわかる

お金を集めてきて、それを運用して、利益を生み出していく、というのが企業経営です。

その過程で、何がどれだけ増えて、利益がどれだけ上がったか（または損したか）、何がどれだけ減って、利益がどれだけ上がったか（または損したか）、結果として、いま会社の財産はどれだけあるのか、といった**数字の動きを把握すること**は、**経営するうえで、かなり重要**です。

簿記は経営の動きをとらえるもの

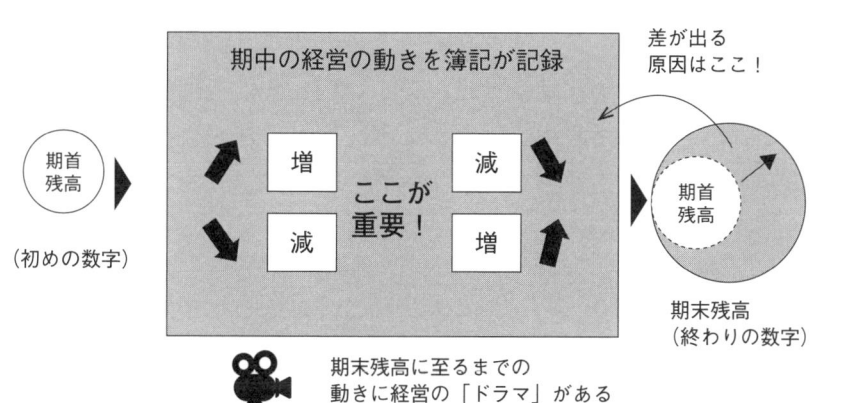

そうした動きを1つひとつ記録するのが簿記であり、経営に関係するすべての数字が最終的に決算書としてまとめられます。

　したがって、**簿記の仕訳**（簡単にいうと、数字の記録方法です。83ページに例があります）**がわかる程度には知識をもっていたほうが、決算書を見たときにも、その内容がイメージしやすくなる**のです。

　逆にいえば、簿記についてまったく理解していないと、決算書を見たところで問題の本質に気づくことができず、正しい経営判断ができなくなる可能性もあります。経営を続けていく限り、簿記と無縁ではいられないのです。

簿記がわかると、倒産の可能性が下がる!?

　前にお話ししたように、日本企業の約7割、つまり大多数は赤字という状態ですが、その大きな原因の1つは、経営者が簿記のしくみや会社の数字を理解していないことにあります。

　赤字ということは、1年間会社が活動した結果、損をした、つまりお金が減ってしまったということです。

　残り3割の**黒字企業でも、一生懸命に会社を回しているのに、なぜかいつもお金が足りない、何か起きたら仕入代金が支払えなくなる、そんな状態になっている企業がたくさんあります。**

　企業経営とは、売上さえつくっていればよいという、カンタンなものではありません。

　売上が億を超えていようと、数字の知識がないことだけで会社は倒産してしまうので、簿記や財務の知識は必ずもっておくようにしましょう。

　数字を見て、会社の財務状況を把握していないということは、

いつ倒産してもおかしくないほどのリスクを抱えているといってよいぐらいです。

　繰り返しますが、**簿記の知識があるかないかだけで、会社が生き残れるか倒産するかが決まってしまう可能性がある**としたら、いま、学ばない理由はないですよね？

学校の必修科目にしてほしい大切な学問！

　簿記には経営・商売に重要な知識が詰まっているのですが、中小企業の経営者で簿記の知識のある方は少ないです。

　ましてや、簿記の知識を得てから経営者になった方はほとんど見られません。

　簿記は検定資格としては比較的メジャーではあるものの、義務教育などで誰もが学ぶ必修科目というわけではありません。簿記に一度もふれたことのない方のほうが、おそらく多いと思います。

　しかし私にいわせれば、なぜ簿記が必修ではないのか意味がわかりません。自分で会社を興したり、副業をしたり、個人として仕事をしたりするなら、簿記は絶対に必要な知識です。

＼ **黒字格言** ／

経営をするなら簿記を知ろう。
経営者こそ知っておくべき
最強の学問です！

bookkeeping

02

簿記を学ぶと、
お金の流れがわかる

・決算書がつくられるまでの過程を知ろう
・黒字でも資金ショートする理屈がわかる
・企業にお金を残す方法がわかる

簿記のゴールは決算書をつくること

簿記を学んだうえでさらに財務について学ぶと、会社のお金を増やすためには何をする必要があるのか、いまお金が減っているのであれば、それがなぜなのかなどがわかるようになります。

決算書の数字を見ても、よくわからないのは、簿記のルールやしくみをわかっていないからです。

簿記と聞くと、「むずかしそう」「とっつきにくい」「学ぶのが面倒」などと思われるかもしれません。

しかし、簿記を勉強している方が聞くと怒るかもしれませんが、**はっきりいって簿記は一度コツをつかんでしまえば、非常に簡単な学問です。**簿記で使われる勘定科目とその属性を知り、会社が行った取引から仕訳というものがイメージできれば、経営者の知識としては、合格ラインです。

会社では、日々発生する取引のうち、後述する「属性」の数字が動くものを、仕訳という形で記録していきます。

その際に使うのが「**勘定科目**」といわれるもので、「現金」「借入金」「仕入」「売上」などのように、名前を見ればその意味がなんとなくイメージできるものが多いです。

そして、それぞれの勘定科目は、①資産、②負債、③純資産、④収益、⑤費用という「**5つの属性**」のいずれかに分類されます。

たとえば、下図の仕訳は、現金で商品を100円売ったときのもので、「現金」は資産の属性、「売上」は収益の属性です。

最終的に1年間のすべての取引結果（仕訳）を5つの属性ごとに集計すると、貸借対照表や損益計算書などの決算書ができ上がります。

簿記の最終形は決算書

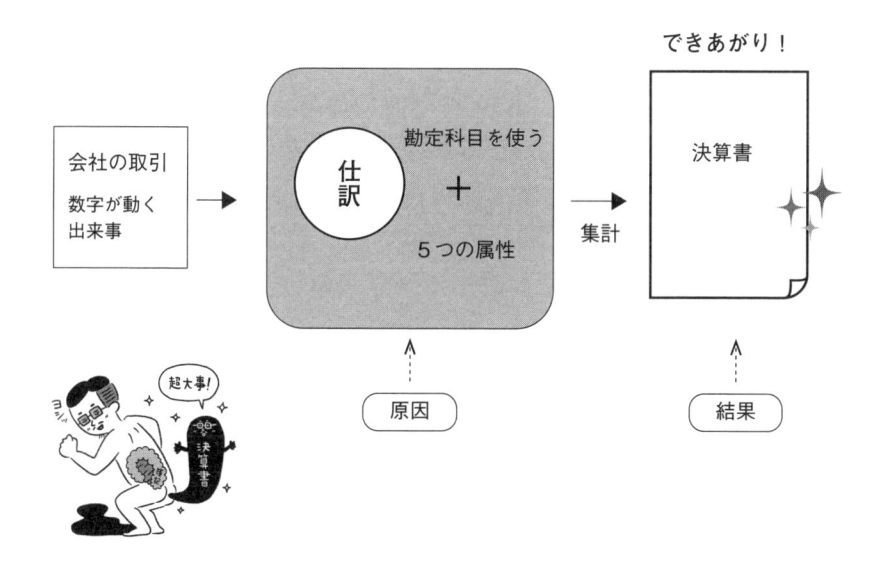

仕訳の例

現金の
属性は「資産」
☞貸借対照表へ

現金 100 ／ 売上 100

売上の
属性は「収益」
☞損益計算書へ

どの勘定科目がどの属性に当てはまるかがわかれば、取引を仕訳に落とし込むことができます（具体的な仕訳のやり方は90ページ以降をご参照ください）。

これでわかる！　利益があってもお金がない理由

経営者に押さえておいていただきたいのは、**簿記の勘定科目と属性を把握すると、お金の流れが見えやすくなるということです。**

たとえば、「長期借入金を10万円返済した」ときには、簿記では、「長期借入金が10万円減少した」ことと、「現金預金が10万円減少した」という2面でとらえて記録を行います（2面でとらえるので複式簿記といいます）。

このとき、お金は減っていますが、損益に影響を与える取引（費用の支出）ではないため、損益計算書の数字は動きません。

一方、損益に影響を与える取引（収益の発生）があって利益が出ていても、お金が動かない取引もあります。

たとえば、「商品300万円を掛けで売った」場合には、「売掛金が300万円増えた」ことと、「売上が300万円上がった」という2面でとらえて記録（仕訳）しますが、損益計算書の収益は増えていても、お金は動いていません。

このように、**損益に影響しないお金の動きや、お金が動かない損益があることによって、損益（利益）と資金繰り（お金の動き）に乖離（かいり）が生じ、お金の流れをわかりづらくさせている**のです。「売上は増えているのになぜか資金繰りが悪い」と、経営者を混乱させてしまう原因もここにあります。

しかし、簿記のしくみを理解すれば、会社のお金がどのように

流れているかがイメージできるようになるので、決算書の数字を分析して課題・問題点を抽出し改善することも可能になります。

簿記と財務を学んで正しく会社を成長させよう！

企業経営において、とくに注意しなければならないのは、**売上が伸びるなど急成長しているときは、入金より支出のほうが先にくることが多く、出ていくお金がどんどん増えていくことです。**

さらに、売上が増え、入ってくるお金が増えてきたときに、財務を意識せずに経営を行っている会社では、社長の趣味や私利私欲のために利益につながらない資産を購入したり、節税のために余計な支出をしたり、無意味な交際費が増えたり、といったことがよく起きます。

多くの企業が、間違ったお金の使い方をしているために、いつまでたっても資金繰りが楽になりません。

しかし、簿記や財務を学べば、何をどうすれば利益が生まれるのか、お金を残すにはどんな方法が適切なのか、お金が減っているのはなぜなのか、などがわかるので、間違ったお金の使い方をしなくなり、正しく成長していくことができるようになります。

＼ 黒字格言 ／

数字が読めるようになると、
経営が楽しくなる！

仕訳とは、ただ左と右に分けるだけ

・「借方・貸方」という言葉は忘れよう
・勘定科目、属性、仕訳の３つを押さえる
・仕訳は３ステップでやればよい

必要な簿記の知識はシンプル

　経営に必要な簿記の知識は、とてもシンプルです。決して難解なものではないので、１つずつ学んでいきましょう。

　これから、世界一わかりやすく簿記を解説していきますので、ご安心ください！

　税理士、会計士などの専門家が、専門用語を使いたがる傾向にあるのは、大きな問題だと私は考えています。わざわざむずかしい言葉を使うがゆえに、説明がわかりづらいのです。

　たとえば、簿記の仕訳では、「借方（かりかた）・貸方（かしかた）」という言葉を使いますが、なぜ、借方、貸方というのだろうと、入口のところで悩んでしまって、とん挫してしまう方が続出するのです。

　しかし、仕訳の左側にくるのが借方、右側にくるのが貸方なので、**借方・貸方を、「左・右」と言い換えるだけでも、かなりとっつきやすくなります。**

　簿記の資格を取得するわけではないので、経営者の実務で使うのが目的なら、次の３つを押さえれば十分です。

簿記で押さえる項目
①勘定科目
②属性
③仕訳

仕訳はこの3ステップで行おう

簿記の基本は、会社で行われた取引を仕訳していくことです。

ここで仕訳の流れをザッと見ておきましょう。あとでくわしく説明するので、ここでは「仕訳ってこんな感じでやるんだな」ぐらいで、軽く流していただければOKです！

STEP 1　取引を2つに分解する

簿記の仕訳では、勘定科目を左と右に振り分けて金額を記載します。そこで、左右に分けるために、まずは取引を2つの面からとらえるということをします。

たとえば、家賃30万円を銀行引き落としで支払った場合であれば、「家賃が30万円かかった（費用の発生）」ということと、「銀行引き落としが30万円あった（資産の減少）」という2つに分解して考えます（89ページの図参照）。

STEP 2　属性のルールに従って左右に分ける

次に、2つに分解した取引を、左と右に振り分けます。

このときに使うのが、「勘定科目」と、前に紹介した「5つの属性」のルールです。

5つの属性とは、①資産、②負債、③純資産、④収益、⑤費用

ですが、勘定科目はこの中のどれかに入り、その属性の金額が増えるのか、減るのかによって、仕訳の左側にくるのか、右側にくるのかが決まっています。

STEP 3　合計額の一致を確認する

　仕訳では、1つの出来事（取引）を、左側と右側に分けて記載しますが、必ず左側と右側の合計金額は同じになります。

　左側や右側にくる勘定科目が複数になることもありますが、左右の合計金額が一致していることを、確認しておきましょう。

ちょっとだけ仕訳してみよう

- -

　最後に、右図を見ながら仕訳の流れを復習しておきましょう。

　たとえば、家賃30万円が銀行口座から引き落とされたときは、以下のように仕訳を行います。

　　　　地代家賃　300,000／現金預金　300,000

　この例では、「地代家賃」と「現金預金」が勘定科目です。**「地代家賃」の属性は「費用」**です。費用が発生したので、属性のルールに従って、左側に記入します（94、100ページ参照）。

　対して、**「現金預金」の属性は「資産」**です。資産が減少したので、属性のルールに従って、右側に記入します（92、100ページ参照）。

　この決まりを知っていれば、上の仕訳を見ると、家賃という費用が発生して現金預金で30万円支払ったのだな、とわかります。

　仕訳のくわしいルールはあとで解説しますので、まずは左と右に記入すること、左と右のそれぞれの合計はつねに一致することを覚えてください。

仕訳の手順

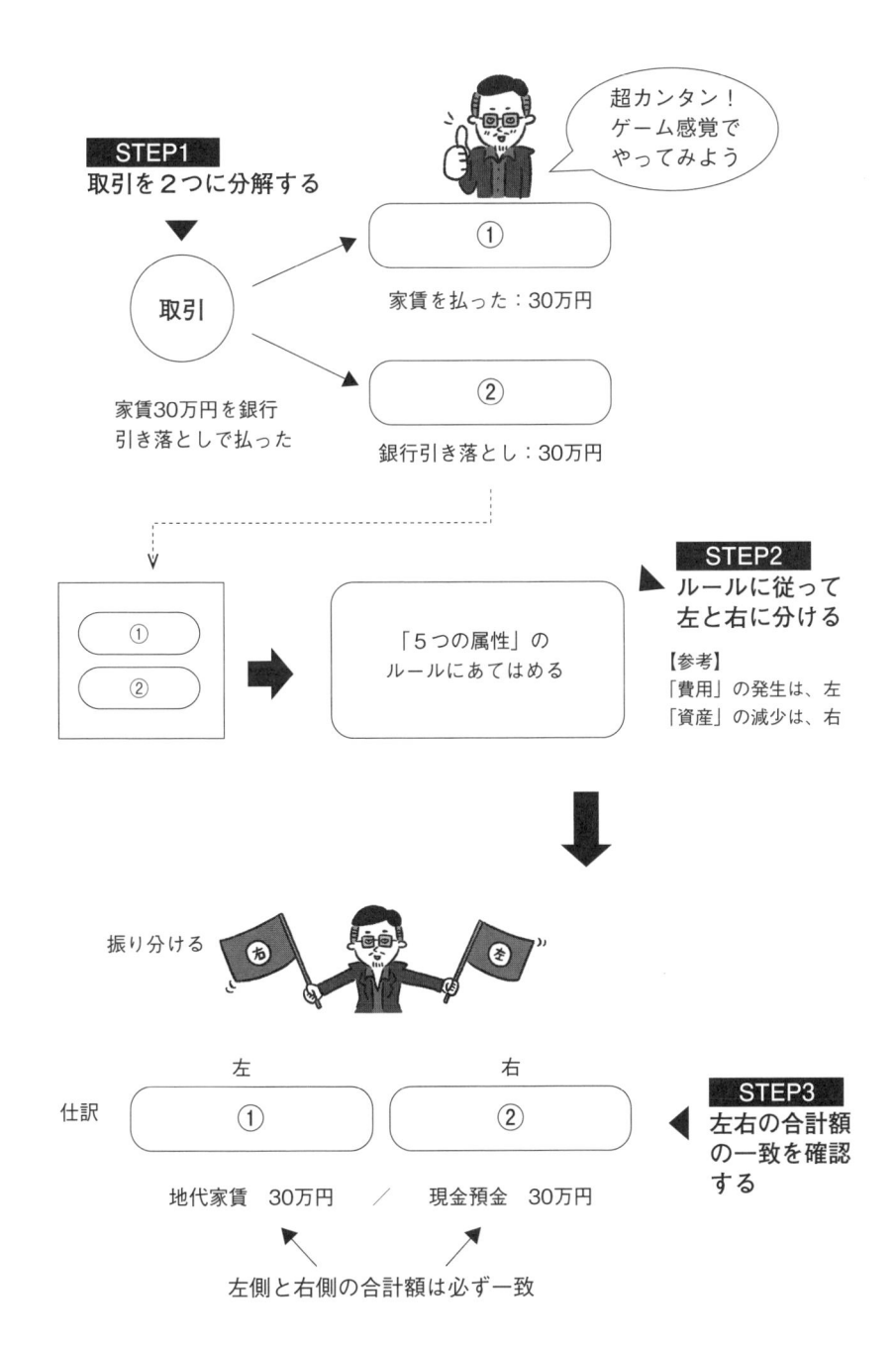

STEP1
取引を２つに分解する

超カンタン！
ゲーム感覚で
やってみよう

取引

① 家賃を払った：30万円

② 銀行引き落とし：30万円

家賃30万円を銀行
引き落としで払った

①
②

「５つの属性」の
ルールにあてはめる

STEP2
ルールに従って
左と右に分ける

【参考】
「費用」の発生は、左
「資産」の減少は、右

振り分ける

右　左

仕訳

左	右
①	②

STEP3
左右の合計額
の一致を確認
する

地代家賃　30万円　／　現金預金　30万円

左側と右側の合計額は必ず一致

簿記の仕訳と決算書の関係を理解しよう

- ・仕訳で使う「5つの属性」は、決算書と同じ
- ・仕訳の左と右にも意味がある
- ・決算書同士のつながりもわかる

　簿記のゴールは、決算書をつくることです。

　仕訳で使う勘定科目と属性は、決算書の構造と密接につながっていますので、**仕訳でどんな勘定科目が使われ、その勘定科目の属性が何かがイメージできるようになると、決算書の内容もより理解しやすくなります。**

　決算書を見ると、「現金預金」「売掛金」「売上」「給料手当」などのいろいろな項目が書いてあります。これが仕訳で使われる勘定科目で、決算書の内容をあらわすものです。

　勘定科目は種類がたくさんありますが、経営者の方なら取引内容などを把握しているので、勘定科目のもつ意味が具体的にイメージしやすいと思います。

　勘定科目の名称は、一定の範囲なら何を使っても会社の自由です。たとえば、業者へ依頼した仕事の報酬支払いについて、「支払手数料」としてもよいですし、「外注費」としてもよいのです。自社の事業にとって重要なものについては、「A部門売上」など、独立した科目に設定することもできます。

　ただし、一度使用した勘定科目は、原則として毎年同じものを

使う必要があります。同じものを継続して使うことで、前年との比較が可能になるからです。勘定科目をコロコロ変えると、変化がとらえられなくなってしまいます。

決算書の区分と簿記の「5つの属性」は同じ

仕訳の際に使う5つの属性は、①資産、②負債、③純資産、④収益、⑤費用だと説明しました（83ページ参照）。

実は、これらの属性は、貸借対照表や損益計算書に記載されている区分と同じなのです。貸借対照表には、資産、負債、純資産という3つの区分があり、損益計算書には収益と費用という2つの区分があります。

仕訳で使う「5つの属性」のうち、①資産、②負債、③純資産の属性に該当する勘定科目は貸借対照表へ、④収益、⑤費用に該当する勘定科目は損益計算書へと集計されることになります（下図参照）。

決算書の構造と仕訳の属性は同じ

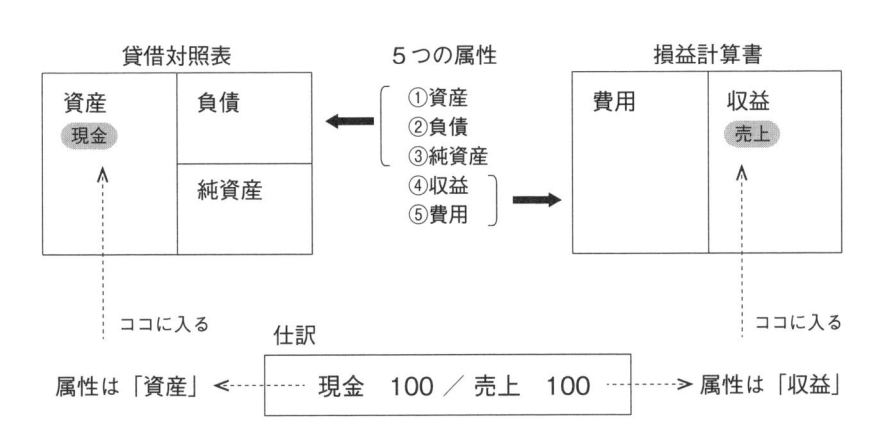

貸借対照表にある科目の仕訳ルールはこれ！

では、さらにくわしく決算書との関係を見ていきましょう。

実はそれぞれの勘定科目が、仕訳の際に左（借方）になるのか、右（貸方）になるのかも、決算書の構造と関係しています。

CHAPTER2でも説明しましたが、貸借対照表はある時点の財政状態をあらわす決算書です。左側が資産の部、右側が負債の部と純資産の部で構成されています。

この構造を覚えておくと、仕訳の際に勘定科目が左になるのか、右になるのかがわかりやすくなります。貸借対照表で使われる**勘定科目の金額が「増える」ときは、貸借対照表にあるのと「同じ側」に仕訳をすればよいからです。**

たとえば、**「資産の部」**には、現金預金、売掛金、土地・建物など、さまざまな勘定科目が記載されています。ここにある勘定科目の属性は「資産」です。貸借対照表の左側にありますので、仕訳の際には、増えたら左、減ったら右に記載します。

「負債の部」には、借入金や買掛金などの債務が記載されています。ここにある勘定科目の属性は「負債」です。貸借対照表の右側にありますので、仕訳の際には、増えたら右、減ったら左に記載します。

「純資産の部」には、資本金と利益剰余金などが記載されています。ここにある勘定科目の属性は「純資産」です。負債と同様に貸借対照表の右側にありますので、仕訳の際は増えたら右、減ったら左に記載します。

中小企業は、純資産の数字が期中で動くことはほぼないので、この仕訳については、あまり意識しなくても問題ありません。

貸借対照表と勘定科目、属性、仕訳の関係

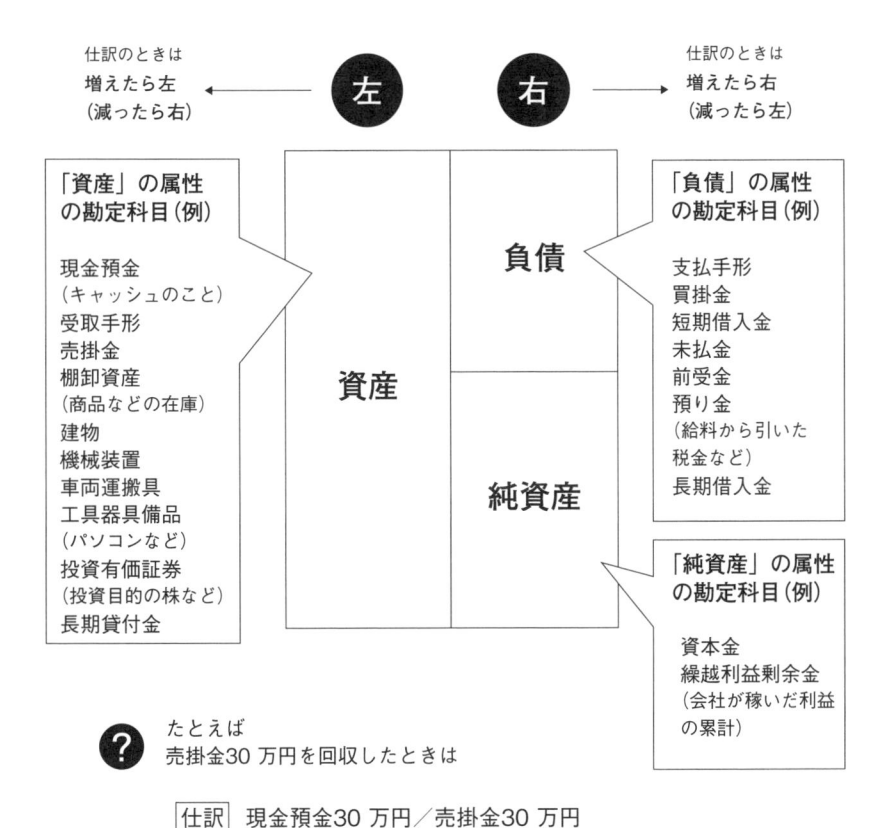

仕訳のときは
増えたら左
（減ったら右）

左　右

仕訳のときは
増えたら右
（減ったら左）

「資産」の属性
の勘定科目（例）

現金預金
（キャッシュのこと）
受取手形
売掛金
棚卸資産
（商品などの在庫）
建物
機械装置
車両運搬具
工具器具備品
（パソコンなど）
投資有価証券
（投資目的の株など）
長期貸付金

資産

負債

純資産

「負債」の属性
の勘定科目（例）

支払手形
買掛金
短期借入金
未払金
前受金
預り金
（給料から引いた
税金など）
長期借入金

「純資産」の属性
の勘定科目（例）

資本金
繰越利益剰余金
（会社が稼いだ利益
の累計）

? たとえば
売掛金30万円を回収したときは

仕訳 現金預金30万円／売掛金30万円

「現金預金」という「資産」が
増えたから、左側にくる

「売掛金」という「資産」が
減ったから、右側にくる

損益計算書にある科目の仕訳ルールはこれ！

　損益計算書は、1年間の業績をあらわす決算書です。

　よく見かける損益計算書は、縦方向に数字が並んだものになっています（専門的には報告式といわれる形式です）。

　しかし、左側は費用、右側は収益であらわされる損益計算書もあります（勘定式といいます）。簿記を学ぶときは、この左右に分かれた決算書のほうがわかりやすいので、下図で勘定科目、属性と損益計算書の関係を見ておきましょう。**仕訳では、「費用」の属性をもつ勘定科目が増えたら左、「収益」の属性をもつ勘定科目が増えたら右となります。**

損益計算書と勘定科目、属性、仕訳の関係

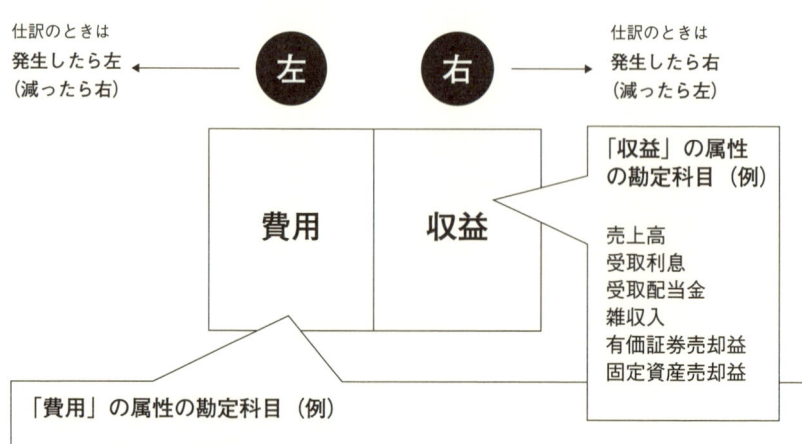

仕訳のときは発生したら左（減ったら右）　←　左　右　→　仕訳のときは発生したら右（減ったら左）

費用　収益

「収益」の属性の勘定科目（例）

売上高
受取利息
受取配当金
雑収入
有価証券売却益
固定資産売却益

「費用」の属性の勘定科目（例）

売上原価（仕入や製造原価など）、役員報酬、給料手当、法定福利費（社会保険料など）、福利厚生費、外注費、販売手数料、荷造運賃、広告宣伝費、旅費交通費、会議費、接待交際費、水道光熱費、通信費、消耗品費、租税公課（印紙税、固定資産税など）、地代家賃、賃借料、減価償却費、保険料、支払手数料、諸会費（各種業界団体への会費など）、図書教育費（書籍購入費用、研修費など）、雑費（他の項目に該当しない少額の費用など）

積み上がる貸借対照表、リセットされる損益計算書

簿記は取引を仕訳して集計しているだけです。取引ごとに仕訳を作成し、1年分の仕訳をすべて集計すると、貸借対照表と損益計算書が完成します。

貸借対照表は、ある時点の財政状態をあらわし、会社を設立してからのすべての資産、負債の増減が蓄積されていくものです。

一方、損益計算書は、1年間の業績をあらわしているので、毎期決算が行われるたびにリセットされます。

したがって、**期首の貸借対照表には前期の決算額を引き継いだ金額が入っているのに対して、損益計算書の収益と費用は0からスタートします。**

期末の貸借対照表は、前期から引き継いだ期首の残高に、期中の資産や負債の動きを加減算し、損益計算書に集計される収益と費用の差額である損益を純資産の部（の利益剰余金）にプラスすることで完成します。

その意味では、期首の貸借対照表と期末の貸借対照表を埋めるのが損益計算書の役割であり、損益計算書は貸借対照表をつくるためにあるといっても過言ではないでしょう。

＼ **黒字格言** ／

決算書の構造を覚えれば、仕訳は簡単！
簿記の苦手意識をなくして、
数字に強い経営者になりましょう

損益計算書の利益は貸借対照表へプラス

決算書は、実務的には会計システムが自動で集計して作成するので、経営者が直接手作業で集計するわけではありません。しかし、簿記のしくみを理解しておくと貸借対照表や損益計算書の理解が深まります。

先ほどふれたように、**損益計算書が完成すると、発生した損益が貸借対照表に加算されて、貸借対照表が完成します。**

たとえば、1年間に発生した収益が1,000万円、費用が400万円であれば、差額の600万円が利益です。このとき、同時に、貸借対照表の純資産も600万円増えます。

純資産の増加は仕訳でいうと、右側に記載されます。右側と左側の金額は一致するので、その分資産も増加して、貸借対照表のサイズが大きくなっていきます。

逆に、赤字の場合は、本来、右側にある純資産が、マイナスとして左側に仕訳されてしまいます。たとえば、収益が300万円、費用が1,000万円のときは、700万円の赤字となり、純資産が700万円減少します。その分資産も700万円減少するので、貸借対照表のサイズは小さくなります。

ここまでで、簿記の基本的な構造は理解できたと思います。

すべての仕訳を覚える必要はありませんが、ある程度簡単な仕訳はイメージできるようにしておきましょう。

簿記の構造を理解すれば、決算書の数字が理解しやすくなるのは間違いありません。**意欲のある経営者の方は、いまからでもよいので簿記3級・2級を学んでいただきたい**と思います。

損益計算書と貸借対照表はつながっている

利益が出たとき 貸借対照表のサイズが大きくなる→数字が良くなる

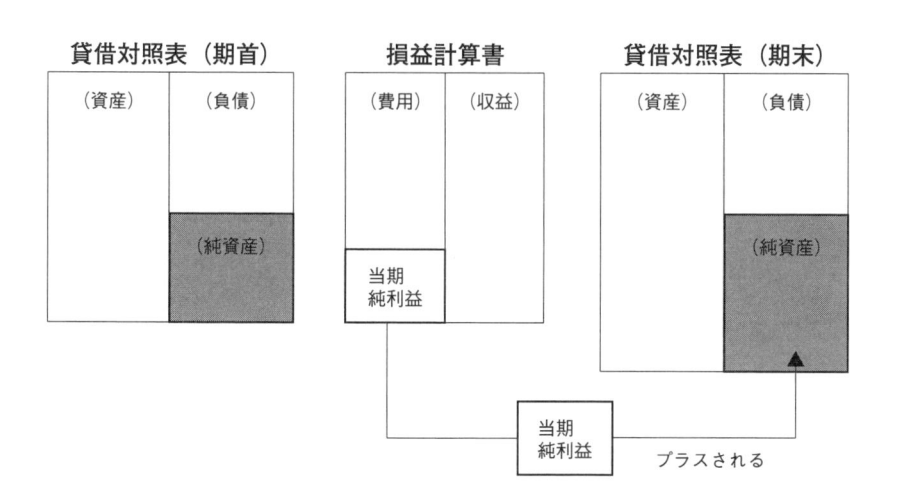

損失が出たとき 貸借対照表のサイズが小さくなる→数字が悪くなる

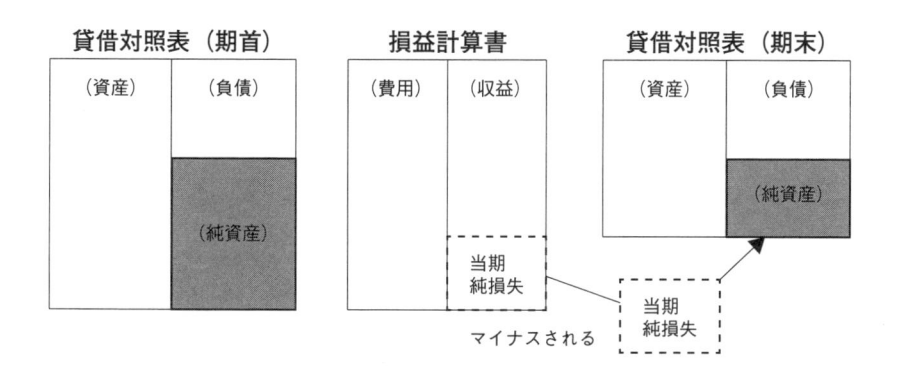

取引のパターンは7つだけ

・仕訳の基本パターンは7つ
・練習あるのみ
・決算書がつくられるまでの動きを知っておこう

　仕訳の際に、それぞれの勘定科目がどの属性に当てはまるかがわかり、左と右に分けることができれば、簿記は、もうほとんどマスターしたといってよいでしょう。

　仕訳の基本パターンは7つあります。総仕上げとして、実際に仕訳をしてみましょう。各勘定科目はどの属性にあてはまるのか決まっているので、この点は暗記しておく必要があります。

パターン①　資産増・資産減のとき

　1つ目のパターンは、ある資産が増加して、別の資産が減少した、という取引です。

　たとえば、売掛金200万円が銀行口座に振り込まれたときの仕訳はどうなるでしょうか。

　まず、「現金預金」と「売掛金」はどちらも"資産"の属性です。したがって、増えたときは左側に、減ったときは右側に記載します。売掛金を回収したので、「現金預金」という資産が増加して、「売掛金」という資産が減少しています。

　これを仕訳にあらわすと、次のようになります。

① 現金預金　2,000,000　　／　　売掛金　2,000,000

　　　　↑　　　　　　　　　　　　　　↑

「資産」が増えたので左側　　　　「資産」が減ったので右側

パターン②　資産増・負債増のとき

- -

　2つ目のパターンは、ある資産が増加して、負債も増加した、というパターンです。

　銀行から500万円を融資してもらい、銀行口座に入金されたときは、どんな仕訳になるでしょうか。

　借入れをしたので、「現金預金」という"資産"が増加して、「借入金」という"負債"も増加しています。資産の増加は左側、負債の増加は右側なので、仕訳は次のようになります。

② 現金預金 5,000,000　　／　　借入金　5,000,000

　　　　↑　　　　　　　　　　　　　↑

「資産」が増えたので左側　　　　「負債」が増えたので右側

パターン③　負債減・資産減のとき

- -

　3つ目のパターンは、ある負債が減少し、資産も減少した、という取引です。

　買掛金100万円を銀行口座から支払ったときは、どんな仕訳になるでしょうか。

　買掛金を支払ったので、「買掛金」という"負債"が減少し、同時に「現金預金」という"資産"も減少します。負債の減少は

左側、資産の減少は右側なので、仕訳は次のようになります。

③　買掛金 1,000,000　　／　　現金預金 1,000,000

「負債」が減ったので左側　　「資産」が減ったので右側

パターン④　費用発生・資産減のとき

　4つ目のパターンは、ある費用が発生し資産が減少した、という取引です。

　接待交際費5万円を現金預金で支払ったときの仕訳はどうなるでしょうか。

　「接待交際費」という“費用”が発生し、同時に「現金預金」という“資産”が減少したという取引になります。費用の発生は左側、資産の減少は右側なので、仕訳は次のようになります。

④　接待交際費　50,000　　／　　現金預金　50,000

「費用」が発生したので左側　　「資産」が減ったので右側

パターン⑤　費用発生・負債増のとき

　5つ目のパターンは、ある費用が発生して負債が増加した、という取引です。

　新聞で折り込みチラシの配布を行って、代金30万円を翌月末に支払うときは、どうなるでしょうか。

　チラシの配布を行ったので「広告宣伝費」という“費用”が発

生し、まだお金を支払っていないため「未払金」という "負債"
が増えました。費用の発生は左側、負債の増加は右側なので、次
のような仕訳になります。

⑤　広告宣伝費　300,000　／　未払金　300,000

　　　「費用」が発生したので左側　　「負債」が増えたので右側

パターン⑥　資産増・収益発生のとき

　6つ目のパターンは、ある資産が増加して、収益が発生した、
という取引です。
　得意先に商品を400万円で販売し、代金は翌月受け取ることに
したときは、どんな仕訳になるでしょうか。
　商品を掛けで売り上げたので、売掛金という "資産" が増加し
て、同時に売上高という "収益" が発生しています。"資産" の
増加は左側、収益の発生は右側になるので、仕訳は次のようにな
ります。

⑥　売掛金　4,000,000　／　売上高　4,000,000

　　　「資産」が発生したので左側　「収益」が増えたので右側

パターン⑦　負債減・収益発生のとき

　7つ目のパターンは、ある収益が発生し、負債が減少した、と
いう取引です。

前払いで代金70万円を受け取っていた商品の引き渡しが完了したときには、どんな仕訳になるでしょうか。

事前に受け取った代金は、商品の引き渡しが完了するまでは預り金のような性質がある（キャンセルなどの際は返却する）ため、「前受金」という"負債"として扱われます。

商品を売り上げたので「売上高」という"収益"が発生する一方、前受金という"負債"が減少します。負債の減少は左側、収益の発生は右側なので、仕訳は以下になります。

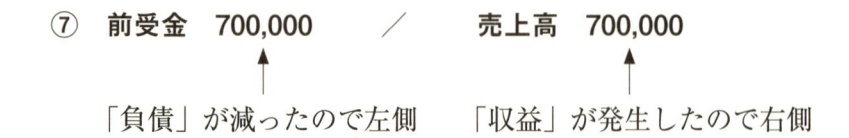

⑦　前受金　700,000　　／　　売上高　700,000

「負債」が減ったので左側　　「収益」が発生したので右側

すべてを集計すれば、決算書のでき上がり！

以上のように取引ごとに仕訳を作成し、1年間の仕訳をすべて集計すると、決算書が完成します。

経営者は各取引が行われたときに、どのようなお金の流れが発生するのかを理解しているはずです。仕訳の際には、取引の内容を、お金や物の流れでイメージしてみてください。

その仕訳の1つひとつが経営の動きをあらわすこと、そして経営の成果に直結していることを、実感できるはずです。

期中の動きをプラス・マイナスして決算書をつくる

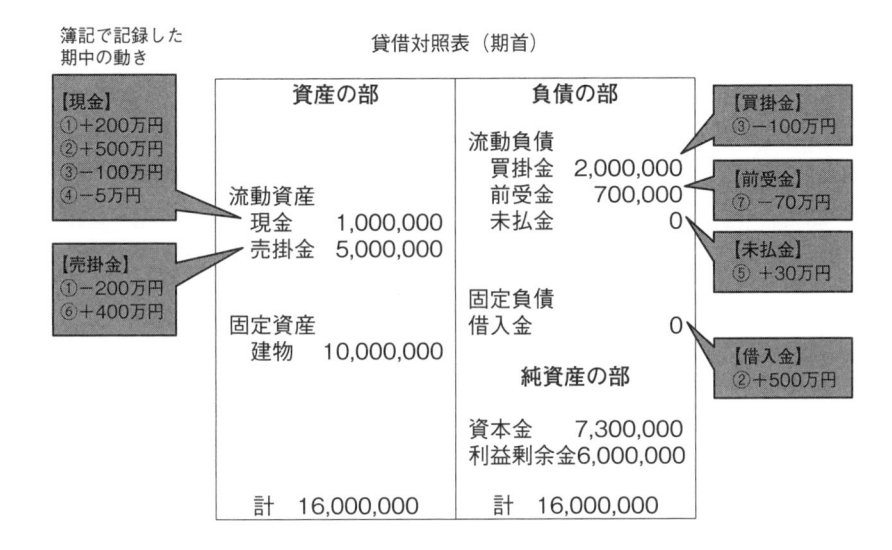

簿記で記録した
期中の動き

【現金】
①＋200万円
②＋500万円
③－100万円
④－5万円

【売掛金】
①－200万円
⑥＋400万円

貸借対照表（期首）

資産の部	負債の部
	負債の部
	流動負債
	買掛金　2,000,000
	前受金　　700,000
流動資産	未払金　　　　　0
現金　　1,000,000	
売掛金　5,000,000	
	固定負債
	借入金　　　　　0
固定資産	
建物　10,000,000	純資産の部
	資本金　　7,300,000
	利益剰余金6,000,000
計　16,000,000	計　16,000,000

【買掛金】
③－100万円

【前受金】
⑦－70万円

【未払金】
⑤＋30万円

【借入金】
②＋500万円

貸借対照表（期末）

資産の部	負債の部
	流動負債
	買掛金　1,000,000
	前受金　　　　　0
流動資産	未払金　　300,000
現金　　6,950,000	
売掛金　7,000,000	
	固定負債
	借入金　5,000,000
固定資産	
建物　10,000,000	純資産の部
	資本金　　7,300,000
	利益剰余金10,350,000
計　23,950,000	計　23,950,000

損益計算書（期末）

費用	収益
接待交際費 50,000	売上　4,700,000
広告宣伝費 300,000	
利益 4,350,000	

④＋5万円

⑥＋400万円
⑦＋70万円

⑤＋30万円

4,700,000－
（50,000＋300,000）

①～⑦の番号は98～
102ページの番号と対
応しています

Q1

数字に強くなるために、経理部員だけでなく経営者自身も

①_____や財務を学ぶことが必要です。

ただし、経営者に必要な知識はシンプルであり、簿記 ②_____

級、③_____級相当の知識で十分です。

Q2

以下の勘定科目が、どの属性に当てはまるかを回答してください。※属性：資産、負債、収益、費用

建　物	④	借入金	⑤
売掛金	⑥	売上原価、仕入	⑦
売　上	⑧	接待交際費	⑨
未払金	⑩	前受金	⑪
支払手数料	⑫	受取利息	⑬
地代家賃	⑭	貸付金	⑮
預り金	⑯		

Q3

仕訳に関する以下の文章の空欄を「左」または「右」で埋めてください。

Ⅰ. 資産は増えると ⑰ _____ 側、
　　減ると ⑱ _____ 側に記入する

Ⅱ. 負債は増えると ⑲ _____ 側、
　　減ると ⑳ _____ 側に記入する

Ⅲ. 費用は発生すると ㉑ _____ 側、
　　減ると ㉒ _____ 側に記入する

Ⅳ. 収益は発生すると ㉓ _____ 側、
　　減ると ㉔ _____ 側に記入する

Q4

以下の各取引が、7つの仕訳パターンのうちどれに該当するかを回答してください。

例　現金 10,000　売掛金 10,000　→資産増・資産減

1　商品 4,000 円分を仕入れ、代金は掛け払いとした。

　　仕入　4,000　／買掛金 4,000 → ㉕ _____

2　5,000 円で商品を販売し、代金は掛け払いとした。

　　売掛金　5,000　／売上　5,000 → ㉖ _____

3　借入金 3,000 円を銀行振込で返済した。

　　借入金　3,000　／現金預金　3,000 → ㉗ _____

4　振込手数料 1,000 円を銀行口座から支払った。

　　支払手数料　1,000　／　現金預金　1,000

　　　　　　　　　　　　　　　　　　→ ㉘ _____

まとめワークの答え

Q1 → ①簿記、②3、③2

Q2 → ④資産、⑤負債、⑥資産、⑦費用、⑧収益、
⑨費用、⑩負債、⑪負債、⑫費用、⑬収益、
⑭費用、⑮資産、⑯負債

Q3 → ⑰左、⑱右、⑲右、⑳左、㉑左、㉒右、㉓右、㉔左

Q4 → ㉕費用増・負債増、㉖資産増・収益増、
㉗負債減・資産減、㉘費用増・資産減

資金繰りが数千万円変わる「貸借対照表」の見方

あ、なんか
見えてきた

資産を実態の価値で把握しなおしてみる

・売掛金と在庫をチェックする
・土地・株・投資信託などをチェックする
・役員への貸付金・立替金・未収入金をチェックする

　決算書の基礎編をマスターしたところで、ここからは、さらなるレベルアップを目指しましょう！　貸借対照表を実務で使えるように、より深く読む方法を解説していきます。

　簿記で仕訳を行い、取引を集計して決算書にまとめたら、それで終わりではありません。決算書の数字を見て財務分析を行い、会社の現状や問題点を把握して、改善のための打ち手を早急に実行する必要があります。
　経営者は明るい未来をつくるために、現状をしっかり把握したうえで、とにかくもがき、行動し、結果として決算書の数字を磨き上げていくことが重要です。

見るのは毀損資産、相場資産、悪勘定の3つ

　貸借対照表を「深読み」する際は、資産の実態を把握することも必要です。資産の簿価（決算書や帳簿に記載された金額）と時価（実態の価値）に差が出ていないかを確認します。
　たとえば、貸借対照表に土地1億円と計上されていても、実際

には値下がりして、1,000万円の価値しかないかもしれません。実態をあらわす時価で評価しなおさないと、貸借対照表の本当の姿は見えてこないのです。

資産を見る際にチェックするのは次の3つです。

この資産をチェック！
①毀損資産（現金化できない資産）
②相場資産（含み損益の把握）
③悪勘定（経営者への貸付金など）

チェック1　　毀損資産

毀損資産とは、価値が毀損している資産のことで、長期滞留在庫、不良化して販売できない在庫、回収できない売掛金などが該当します。もはや現金化できない資産ということです。

たとえば、売掛金が1,000万円と記載されていても、回収不能債権が300万円あれば、実質的な売掛金は700万円です。

在庫も同様で、不良在庫が200万円あるなら、その分はないものとして考えなければなりません。

会社の歴史が長いと、何十年も前の滞留債権や、滞留在庫・不良在庫などが大量に計上されていることもあります。資産を実態で評価しなおすと、実質債務超過になっている会社もあるので注意が必要です。

チェック2　　相場資産

相場資産とは、土地・株・投資信託・会員権・為替などの、価格が上下するような資産です。

たとえば、1,000万円で購入した株の時価が700万円であれば、300万円は含み損としてマイナスします。

チェック3　悪勘定

　中小企業の場合、とくに意識したいのは、**貸付金、立替金、未収入金の3つです。これらは「悪の3勘定」といわれており、存在自体が「悪」とみなされます。**

　とくに経営者に対する貸付金は、一般的に返済期限がなく、長期間返済しないケースも多いため、融資を検討している金融機関から存在しないものとみなされます。評価上も大きなマイナスとなってしまいます。

　また、借入れがある状態で経営者に貸付けをしていると、経営者個人への迂回（うかい）融資とみられる可能性もあり、資金使途違反とされれば、融資引きあげなどの事態にもなりかねません。

　社長への立替金も同様の考え方になります。

　未収入金も社長に対するものである場合は、同様に判断されます。社長に対する貸付金がある場合、社長から会社に対して利息を支払う必要があるのですが、この支払いをせずに、いわゆる経過利息が未収入金として溜まっていると考えられます。

　万が一悪勘定が生じている場合には、早急に解消するべく整理を始めてください。

実態で見ると、企業の約5割が債務超過!?

　貸借対照表の資産を実態の価値で評価しなおすと、中小企業の5割近くの会社が債務超過の状態にあるといわれています。

　怖いのは、**資産の実態を見ていないと、債務超過であることに気づかないケースがある**ことです。

具体例で考えてみましょう。

下の図のように、3つの悪勘定を実態で評価しなおしたところ、合計で3,000万円分の資産価値がないことがわかったとします。

仮に、貸借対照表の純資産が1,000万円だとしたら、そこから実態のない資産3,000万円分を引かなければ、貸借対照表の本当の姿は見えてきません。すると、純資産はマイナス2,000万円となり、実質債務超過の状態だとわかります。

毎年、右肩上がりで売上・利益が増えている会社でも、果たして本当に良い会社なのかどうかは、貸借対照表を実態で評価しなおしてみないとわかりません。

これは会社だけではなく、**金融機関が会社を評価する場合にも、最終的には会社の実態で評価します。**その意味でも、資産の簿価だけでなく時価で見ていくことが重要です。

貸借対照表を時価で評価しなおすと？

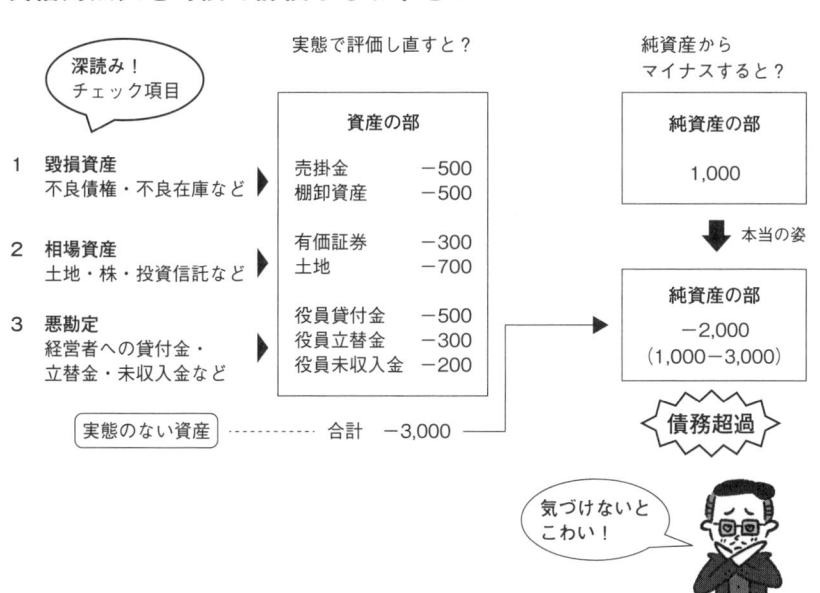

流動と固定の
バランスを確認する

- ・キャッシュインとキャッシュアウトが見合うか
- ・返済期間と資産の耐用年数は合っているか
- ・返済のためのキャッシュが不足しないか

キャッシュインとキャッシュアウトのバランスは?

　貸借対照表の深読み2つ目は、「流動」と「固定」のバランスです。次ページ図のように、貸借対照表の資産の部と負債の部には、それぞれ流動と固定という区分があります。

　流動負債は1年以内に、**固定負債**は1年を超えて時間をかけてキャッシュアウトしていくものです。一方、**流動資産**は1年以内に、**固定資産**は1年を超えてキャッシュが入ってきます。

　長期間かけてキャッシュインにつながる固定資産が大きいのに、すぐにキャッシュアウトする流動負債が大きければ、当然、バランスが悪くなって、資金繰りが苦しくなってきます。

　ここで次ページの下図を見てください。

　貸借対照表の資産の部と負債の部だけを大まかにあらわしたものですが、A社、B社、C社のうち、どれが理想的な貸借対照表だと思いますか?

　A社は固定負債(長期借入金)が多く、月々返済する金額が少

なくなります。だから答えはA社だ！ と思った方、間違っています。

答えはB社です。

B社は、流動資産と流動負債が見合っており、固定資産と固定負債も見合っています。

C社は、流動資産に対して流動負債が多く、短期的に多額のキャッシュアウトが発生してしまうため、資金繰りが苦しくなってきます。

流動と固定のバランスがどうかを見る

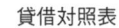

貸借対照表

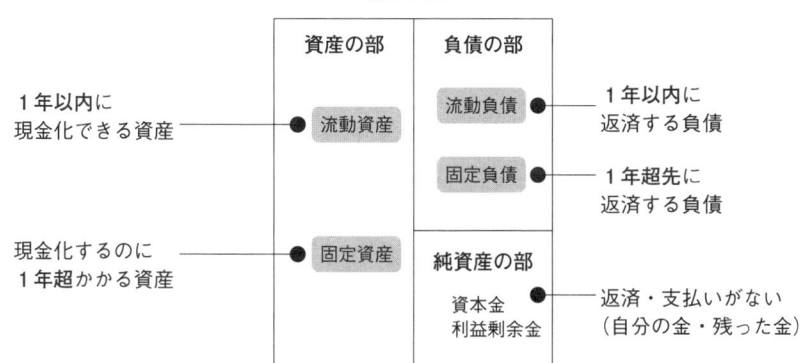

バランスが大切ですよ

金利だけ見て借入れをすると失敗する

多くの経営者の方が金融機関から借金をするときに一番気にするポイントは何だと思いますか？

実は、金利ばかりを気にしているケースが非常に多いです。

金利が0.1％でも0.01％でも低いところから借りようと、ほかの条件はあまり考えずに金利を優先した結果、適正な資金調達ができずに、資金繰りが悪くなっていることがあります。

資金調達を行う際は、資金使途に応じて、正しい形で借りる必要があります。

たとえば、耐用年数30年の設備を1億円で買ったとします。この場合、会社としては30年かけて設備を使い、利益を出していく計画をしているはずです。

ところが、金利が安いからという理由で、設備の購入資金を5年返済で借りてしまったらどうでしょう。

30年かけて資金を回収する計画に対して、返済は5年で行わなければならないのですから、当然、返済負担が重くなり、資金が回らなくなってしまいます。

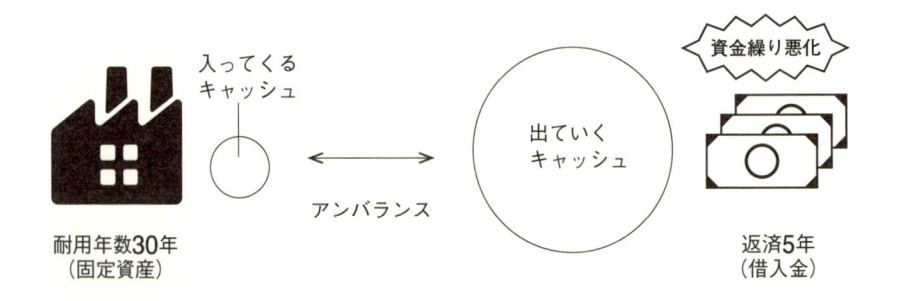

設備投資をするときは、購入する資産の耐用年数に合わせて、借入金の返済年数を決めるのが基本です。

借入金とは、本来、借りたお金を使って稼いだ利益の中から返していくものです。その意味では、土地や自社ビルなどは、直接的に利益を生むものではないため、購入資金は自己資金で賄うべきでしょう。

とくに土地は、減価償却が行われないため、返済が進むにつれて、ますます資金バランスが崩れてきてしまいます。というのは、減価償却費は、キャッシュフローを考える際に、プラスにカウントされる費用だからです（その理由は180ページ参照）。土地の場合、減価償却費のプラス分がなくなるので、建物などの資産（減価償却あり）とくらべて、資金繰りが厳しくなります。

キャッシュ不足にならないよう注意しよう！

資金繰りの悪化は、お金の借り方と資産の運用方法がマッチしていないことによって起きるケースも多いので、**適正な資金調達ができているのか、資金調達と運用のバランスをチェックしておきましょう。**

それと同時に、返済がキャッシュフローに与える影響（いつ、いくら出ていくのか）について見ておく必要があります。

借入金の返済額をざっくり計算したい場合は、長期借入金を平均の返済期間で割ると、おおよその年間返済額を把握できます（詳細は金融機関の「返済予定表」でわかります）。

また、売上・利益が出ていても、借入金の元金返済額は損益計算書には載らない（貸借対照表には影響）ので、利益だけを見て、キャッシュが足りていると思わないようにしてください。

自己資本比率が
高いかを確認する

- 財務の安全性は自己資本比率でチェック
- 多くの中小企業の自己資本比率は10%以下
- 自己資本比率60%を目標にしよう

　貸借対照表を見て資金繰りを改善し、会社にお金を残し、潰れない会社をつくることが経営者の仕事です。

　強い財務体質の貸借対照表とは、キャッシュが潤沢にあり、その調達源泉として純資産（＝自己資本）の割合が高い状態をいいます。

　負債は、基本的にいずれ払うお金、返すお金、つまり出ていくお金であるため、会社に資産がたくさんあったとしても、その調達源泉のほとんどが負債という状態では、資金繰りは厳しくなります。

　逆に、**調達源泉のほとんどが純資産という状態であれば、出ていくお金がほとんどないため、資金繰りはラクになります。**

　貸借対照表を見るときは、自己資本（純資産の額）と自己資本比率に注目していただきたいと思います。

　自己資本比率とは、総資本（右側にある負債と純資産の合計額）に占める自己資本の割合のことで、自己資本比率は、「自己資本÷総資本×100」の算式で計算されます。

　会社が継続、存続し続けていくためには、自己資本比率が高い

状態を目指さなくてはなりません。

中小企業の多くは、自己資本比率10%

　ここで質問です。中小企業は、自己資本比率が何％ぐらいのところが多いと思いますか？

　実は、自己資本比率10％以下のところが大半なのです。

　こう言われても、それが良い状態なのか悪い状態なのか、ピンとこないかもしれませんね。

　自己資本比率10％ということは、残り90％は他人資本＝負債ということです。つまり、たとえ総資産が１億円あっても、9,000万円は他人のお金なのです。

自己資本の厚みがどうかを見る

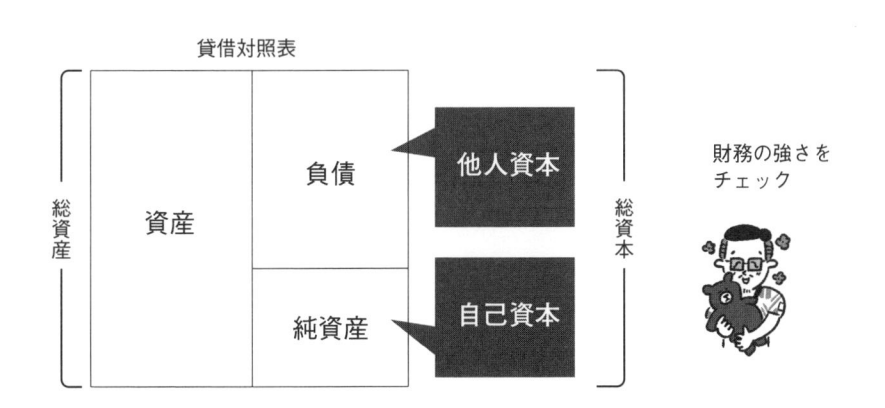

自己資本比率 ＝ 自己資本÷総資本（総資産）×100 ← 高いほどいい

会社は、ほぼ借金で成り立っている状態であり、返済でいずれお金は出ていってしまいます。

　総資産は、土地・建物、機械装置、車など、さまざまな資産で構成されていますが、借金を返済するときに車でお願いします、なんてことはできませんよね。ですから、総資産がどんなにたくさんあっても、自己資本比率が低く、キャッシュもない状態であれば、当然、資金繰りは非常に厳しくなります。

　これが多くの中小企業の実態なのです。

　自己資本比率10％ということは、少し経営状況が悪くなったら、自己資本がゼロになり、下手をすると債務超過に陥ってしまうということです。自己資本を増やし、自己資本比率自体をしっかり上げていくことが重要です。

目標は自己資本比率60％

- -

　財務体質の強い会社は、自己資本が厚く、キャッシュや換金性の高い資産を潤沢にもっています。

　では、具体的にどれぐらいの自己資本比率を目標にすればよいのかというと、60％です。

　自己資本比率を60％に上げられると、会社は実質無借金経営に近づいていきます。実質無借金経営になれば、余裕をもたせて借入れを行い、借入金を返済しても経営が成り立ちます。

　また、自己資本比率が60％以上になると、金融機関の評価が最高評価となり、資金調達がしやすくなります。

　金融機関は安全性と返済能力にかかわる数字をとくに重視しているため、自己資本比率が15％を切ると、安全性が低い会社とみなされて、評価点は0になってしまいます。

　なかには、金融機関の評価を上げるために、決算前に一時的に

借金を返済して自己資本比率を上げ、決算後にまた借りなおして元に戻している会社があります。

　しかし、実質的に意味がないので、やめたほうがよいと思います。万一、借入れができなかったら、会社はお手上げです。

　また、借入金を無理に返して自己資本比率を上げても、手元のキャッシュが減るため、強い財務状態にはなりません。

自己資本比率が高くなると、出ていくお金が少なくなるので、ムチャクチャ資金繰りは楽になります。

　損益計算書で利益を出し、内部留保（自己資本）を積み上げていき、自己資本で運転資金を調達できるようになれば、当然返済する必要がないためかなり強い財務体質をつくれます。

　最終的には自己資本経営を目指していきましょう。

自己資本比率10%を60%に上げよう

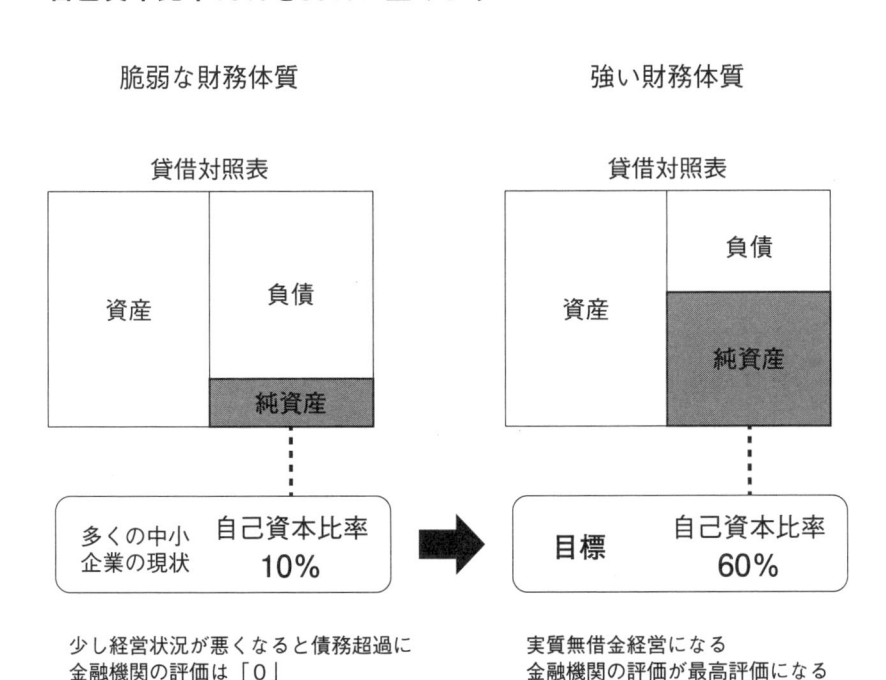

脆弱な財務体質　　　　　　　　　　　強い財務体質

貸借対照表　　　　　　　　　　　　　貸借対照表

| 資産 | 負債 |
| 　 | 純資産 |

| 資産 | 負債 |
| 　 | 純資産 |

多くの中小企業の現状　自己資本比率 10%

目標　自己資本比率 60%

少し経営状況が悪くなると債務超過に
金融機関の評価は「0」

実質無借金経営になる
金融機関の評価が最高評価になる

A社とB社、どちらの財務体質が良いですか?

ここで、クイズです。みなさんは、次ページの図表を見て、どちらの会社の財務体質が強いと思いますか?

自己資本比率を見ると、A社が10%、B社が60%なので、一見すると、B社のほうが良さそうです。

しかし、中身をよく見ると、B社は現金預金が2,000万円しかなく、年商100億円、月商約8億円の会社なので、キャッシュがまったく足りません。B社は自己資本比率が高くても、強い財務状態の会社とはいえないのです。

このように、財務体質が本当に強いかどうかは、自己資本比率だけではなく、**業種や規模といった個別の事情を勘案して判断する必要があります**。この点も気をつけて見るようにしましょう。

自己資本が厚いと銀行融資も有利になる

金融機関が会社にお金を貸す際に、何を重視するかというと、貸したお金が返ってくるかどうかです。

毎期利益を出している会社は、どんどん内部留保（自己資本）が増え、決算書の内容が良くなっていくため、金融機関も、貸したお金を回収できると判断してくれるようになります。

自己資本が潤沢になると、他人資本である借入金での資金調達もしやすくなるため、ますますお金が集まるようになり、そのお金を事業に投資して、さらに利益を出して増やすという好循環をつくることができます。

中小企業は大企業と比較して、資金などの使えるリソースに限

りがあります。加速度的に事業を拡大して成長していくためには、金融機関からの融資がどうしても必要になってきます。

　決算書の数字を良くしていくと、金融機関を味方につけることができ、さらに会社を大きくするチャンスができます。

どちらが安全な会社でしょうか

ケース　A社とB社は、ともに売上100億円、資本金2,000万円、利益剰余金1億円

A社の貸借対照表

資産	負債
	買掛金　　　8,000万円 借入金　9億8,000万円
現金預金　　　　10億円 固定資産　1億8,000万円	**純資産** 資本金　　　2,000万円 利益剰余金　　　1億円

▶ **自己資本比率 10%**
1億2,000万円÷11億8,000万円×100

B社の貸借対照表

資産	負債
	買掛金　　　8,000万円 借入金　　　　　　0
現金預金　　　2,000万円 固定資産　1億8,000万円	**純資産** 資本金　　　2,000万円 利益剰余金　　　1億円

▶ **自己資本比率 60%**
1億2,000万円÷2億円×100

ヒントはキャッシュ
の大きさ！

「純資産の部」の利益剰余金を確認する

- ・利益剰余金は会社の「体力ゲージ」
- ・利益剰余金が増えれば、キャッシュも増える
- ・節税のための利益「0」で会社が弱体化！

決算書で真っ先に見るべきはココ！

　貸借対照表は、「資産の部」「負債の部」「純資産の部」という３つのボックスで構成されていますが、とくに重要な箇所が「純資産の部」です。

　私は顧問先企業から「決算書を見てください」と言われたときは、真っ先に「純資産の部」を見て、自己資本がどれぐらいあるのか、そのなかでも過去の利益の蓄積である「利益剰余金」がどれぐらいあるのかをチェックします。

　前にもふれましたが、**利益剰余金を見ると、経営者の能力もわかります**。たとえば、創業10年の会社で利益剰余金が1,000万円あれば、その経営者は平均して１年に100万円（1,000万円÷10年）を稼ぐ能力のある人だということです。
　逆に、利益剰余金がマイナスであれば、ずっと経営をしてきて、利益を１円も生み出せていない経営者ということになります。

会社の稼ぐ力、倒産のしづらさがわかる

「純資産の部」にある「利益剰余金」というのは、いわゆる内部留保のことです。**貸借対照表のなかでも、会社の実力をあらわすもっとも重要な部分といえます。**

　会社は内部留保を投資に回して、利益を生み出すことを繰り返しながら成長していきます。それが本来のあるべき姿です。

利益剰余金は会社の「体力ゲージ」のようなもので、大きい会社はよいのですが、「0」になると会社はいずれ倒産に向かっていきます。利益剰余金が減ると、キャッシュも減る方向に進んでいくからです。

利益剰余金はもっとも大切な箇所

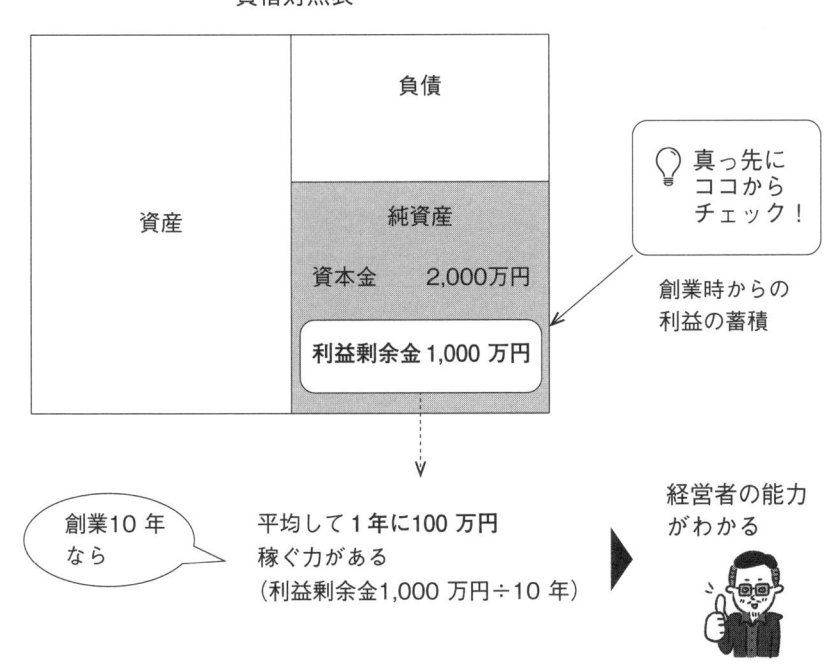

貸借対照表

資産	負債
	純資産
	資本金　　2,000万円
	利益剰余金 1,000万円

真っ先にココからチェック！

創業時からの利益の蓄積

創業10年なら

平均して1年に100万円
稼ぐ力がある
（利益剰余金1,000万円÷10年）

経営者の能力がわかる

キャッシュが次第に目減りしていき、毎月返済に追われ、さらにキャッシュが減っていくような状態に陥ると、経営者は精神がやられてしまい、投資をする余裕もなくなります。

借入金は稼いだ利益から返済するべきなのですが、それができないと、資産を削りながら返すしかなくなります。利益を生むために所有している資産を返済にあててしまえば、稼ぐ力が弱くなるのは当然です。

逆に、キャッシュが増えていく方向に進めば、経営者の心にゆとりができて、従業員の給料を上げたり、積極的に投資に回す方向に進み、さらなる成長につながっていきます。

企業が成長して利益剰余金がどんどん増えていけば、キャッシュが増え、当然資金繰りも良くなっていきます。 この良い循環を経営者はつくっていかなければならないのです。

節税をすると、自己資本が増えないので注意！

では、利益剰余金（内部留保）を増やして、自己資本を厚くするためにはどうすればよいのでしょう。

このことを考えるときに、損益計算書というもう1つの決算書が出てきます。損益計算書の当期純利益が、貸借対照表の利益剰余金に積み上がるからです。

多くの経営者は、決算前に利益が出そうになると、無理にでも経費をつくり、利益を0にしようとします。しかし、節税のために利益を0にしてしまったら、純資産に入るお金も0になります。**利益「0」を続ける限り、いつまでたっても自己資本は増えず、会社にお金は残りません。**

決算のたびにこのようなことを繰り返しているから、自己資本比率が10％以下という中小企業だらけになっているのです。

実は、納税したらお金はめちゃめちゃ残ります！

イメージ的には、税引き前の利益（税引前当期純利益）に対して30％が税金としてかかり、残りの70％は純資産に積み上がります。税引前当期純利益が10億円なら、当期純利益7億円（10億円−10億円×30％）が純資産に積み上がるということです。これは大きいですよね。

自己資本を厚くするためには

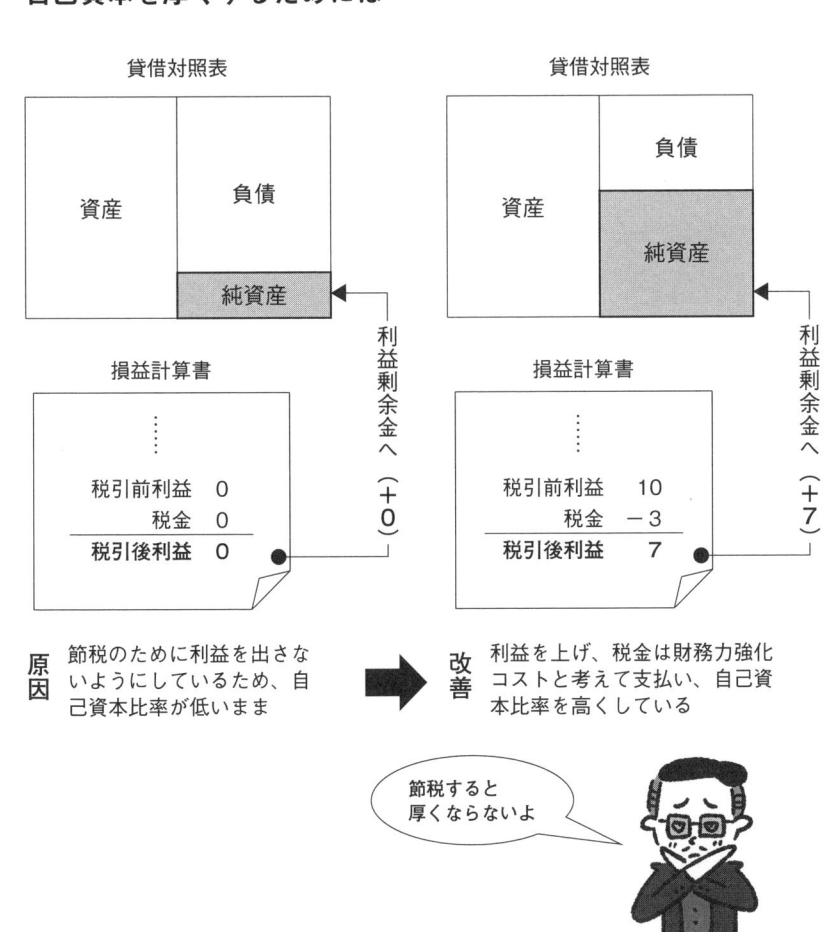

貸借対照表

| 資産 | 負債 |
| | 純資産 |

損益計算書

税引前利益	0
税金	0
税引後利益	0

利益剰余金へ（＋0）

貸借対照表

| 資産 | 負債 |
| | 純資産 |

損益計算書

税引前利益	10
税金	−3
税引後利益	7

利益剰余金へ（＋7）

原因 節税のために利益を出さないようにしているため、自己資本比率が低いまま

改善 利益を上げ、税金は財務力強化コストと考えて支払い、自己資本比率を高くしている

節税すると厚くならないよ

納税額が増えれば増えるほど、自己資本が厚くなるので、結果的に、残るお金も増えて、資金繰りはラクになっていきます。

　そのラクになった分で借金を返せば、純資産の割合が増えるので、さらに会社にお金が残るようになります。

　また、内部留保が潤沢な会社には、金融機関もお金を貸したがるので、どんどんお金が集まってきます。それを運用してガッツリ利益を出すという、よい流れをつくるためにも、やはり利益を出していったほうがよいのです。

税金は財務強化コストと考える

　税金を払えば、絶対に、会社は金持ちになれる！

　こういうことも、決算書を読めるようになれば、気づくことができます。ここは騙されたと思って納税をしてください。

　税金は財務強化コストであると考えて、税金を支払うのはもったいないという意識は捨てましょう。

　内部留保がどれだけあるか、キャッシュがどれだけあるかは、会社の財務体質の強さ＝倒産のしづらさをあらわします。

　コロナ禍では、内部留保をしてこなかった会社が軒並み資金ショートして、大変なことになりました。その経験からも、内部留保の大切さがおわかりいただけると思います。

内部留保があると、事業承継がスムーズになる

　「純資産（自己資本）を増やすと、自社の株価が上がるので、事業承継の際に困る、だから利益は出さないほうがよい」と言う人

もいます。

でも、考えてみてください。利益の出ない会社を誰が継ぎたいと思いますか？　事業承継のために、自己資本比率を10％以下にして、ずっと苦しい資金繰りを続けるのですか？

私はそうお尋ねしたいです。

内部留保を積まないということは、会社としても成長が望めないということです。利益を出して、ガンガン再投資していくことで、会社はスケールアップしていくのです。

内部留保があって株価が高くなっても、キャッシュさえあれば、事業承継対策としてやれることはいくらでもあります。

しかし、利益を出さず、内部留保を少なく維持した結果、キャッシュがないという状態では、できることは限られてしまいます。そもそもそんな会社は継ぎたくない、と後継者に言われてしまうでしょう。

また、親族が会社を承継するのではなく、M＆Aで外部に会社を売却する出口もありますが、その場合にも、内部留保を積んで企業価値を上げておいたほうが、圧倒的に売却時の金額が上がります。利益を出しておいたほうがよいと考えてください。

＼ **黒字格言** ／

利益剰余金が増えれば、
キャッシュが増え、
好循環が生まれます

ROA（総資産［本］経常利益率）を計算する

- ・ROAで会社の稼ぐ効率をチェックする
- ・ROAを意識すると、ムダな支出がなくなる
- ・ROAを意識すると、正しい成長ができる

ROAは、会社の「利回り」のようなもの

　会社は所有している資産を運用して利益を生み出しています。したがって、貸借対照表に贅沢な別荘や高級車など、利益を生まない資産が載っているのは、企業経営にとっては良くない状態といえます。

　金融機関も、融資の際には資産を保有目的と照らしてチェックしますし、私が決算書をお預かりした際も同じように見ています。**ムダな資産が増えると、稼ぐ効率が悪くなり、黒字化しづらい状態になります。**

　会社が所有するすべての資産を使って、どれだけ利益を生み出したかを見るための指標として、ＲＯＡ（総資産［本］経常利益率）というものがあります。

　ＲＯＡは、資産を運用したことによる利回りのようなもので、高ければ高いほど、会社が効率的に稼げていることを示します。会社の経営状況を確認する指標はたくさんありますが、非常に重

要な指標の１つです。

　たとえば総資産が１億円の会社が利益（経常利益）を1,000万円出したのなら、ＲＯＡは「経常利益÷総資産×100」の算式で計算して10％（1,000万円÷１億円×100）となります。

　ＲＯＡの算式から、利益が多くなるか、総資産が少なくなればＲＯＡの数値が上がることがわかります。たとえば上の例では、総資産が半分の5,000万円になれば、ＲＯＡの数値は倍の20％に上がります（1,000万円÷5,000万円×100）。

ＲＯＡの計算式と数値の上げ方

【計算式】
ＲＯＡ（総資産[本]経常利益率）＝ 経常利益÷総資産（総資本）×100
　下の例のＲＯＡ＝1,000万円÷１億円×100＝10％

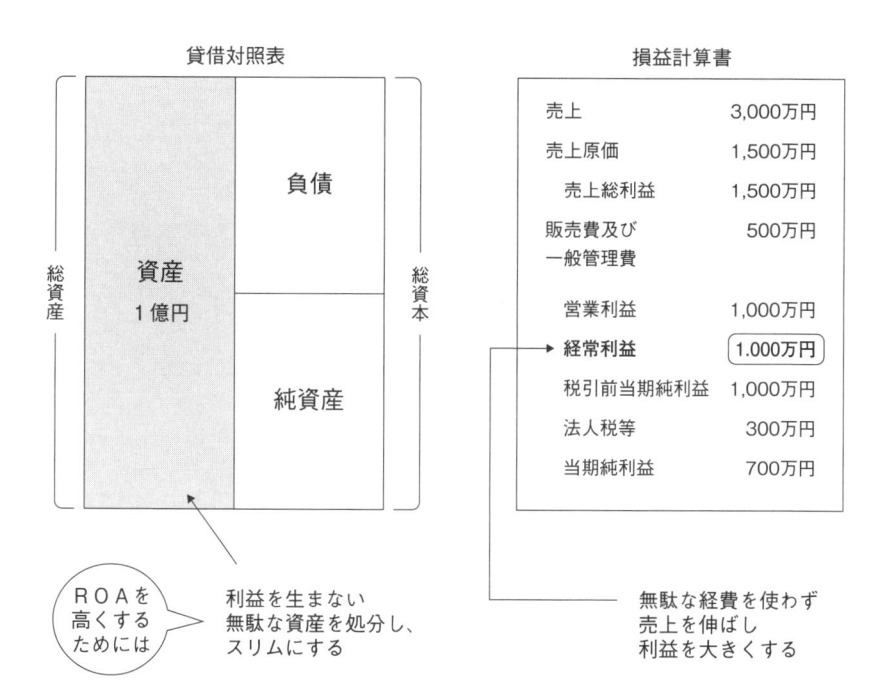

貸借対照表

資産 1億円	負債
	純資産

総資産　　　総資本

損益計算書

売上	3,000万円
売上原価	1,500万円
売上総利益	1,500万円
販売費及び一般管理費	500万円
営業利益	1,000万円
経常利益	1,000万円
税引前当期純利益	1,000万円
法人税等	300万円
当期純利益	700万円

ＲＯＡを高くするためには

利益を生まない無駄な資産を処分し、スリムにする

無駄な経費を使わず売上を伸ばし利益を大きくする

不要な資産がないほど、ROAは高くなる

貸借対照表のサイズは会社が取っているリスクのサイズともいえます。強く潰れない会社に成長させるためには、貸借対照表はできるだけスリムにして、利益を生まないムダな資産をもたないというのが鉄則です。

ＲＯＡが低くならないよう、ムダな資産はどんどん処分して、貸借対照表をスリムにしていきましょう。

資産は保有しているだけで維持費や固定資産税がかかるので、ムダな資産は損失を発生させる負債のようなものになっています。そうしたムダな資産は、もち続けるより、すぐに売却したほうがよいのです。利益が出ている年に処分して、売却損失が発生すれば、税金を減らす効果もあります。

ムダな資産が減れば、稼ぐ効率が良くなり、お金が残りやすい体質に変わっていきます。

ムダのないスリムな貸借対照表で、かつ損益計算書でしっかり利益を出していると、会社の基礎体力が高まり、倒産しづらくなっていきます。銀行からの評価も上がり、融資も受けやすくなります。

ムダ遣いをすると、ROAは低くなる

経営者のみなさんは、利益が出て儲かり始めると、都心の一等地に自社ビルを建ててみたい！　などと考えたりしますよね。成長会社のあるあるなのですが、年商が増え、会社規模が大きくなるにつれてＲＯＡが低くなっていくことがあります。

　会社の調子が良いときは、「この状態が一生続くんじゃないか、経営なんて楽勝だ」という気になってしまうものです。

　それで、家賃の高いオフィスに引っ越したり、都心の一等地に自社ビルを構えたりするわけですが、現実はそう甘くはありません。業績が悪くなったとたんに、家賃の支払いや自社ビル建設費用の借入金が返済できなくなり、固定費に苦しんで倒産してしまう会社がたくさんあります。

　会社がおかしくなっていく原因は、ほとんどの場合、ムダな資産を購入したり、利益につながらない経費をムダ遣いしたりといった、お金の使い方を間違うところから始まります。

　しかし、ＲＯＡを意識した経営を行うと、間違ったお金の使い方を防げるようになります。ＲＯＡは総資産（総資本）が少ないほど高くなるため、ムダな資産を買わないようになります。また、ムダな経費を使えば、ＲＯＡが下がってしまうため、経費のムダ遣いもなくなります。

　つまり、**ＲＯＡを意識した経営を行うことで、ムダな資産の購入やムダな経費の支出がなくなり、会社は利益を伸ばす方向へ動く**ということです。会社がおかしな方向へ進むリスクが減り、潰れない会社へと成長することができます。

＼ 黒字格言 ／

ＲＯＡを意識すれば、
稼ぐ効率を上げるだけでなく、
筋肉質で強靭な会社に成長できます

CHAPTER4 の まとめワーク！

Q1

貸借対照表の深読みでは、貸借対照表の資産の簿価（決算書や帳簿に載っている金額）と ①　　　　　　　　（実態の価値）に差が出ていないかを確認します。

Q2

設備投資をするときは、購入する資産の ②　　　　　　　　に合わせて、借入金の ③　　　　　　　　を決めるのが基本です。

Q3

自己資本比率は、総資本に占める ④　　　　　　　　の割合のことです。会社の資金繰りを良くするには、⑤　　　　　　　　を増やして、自己資本比率を上げる必要があります。

Q4

中小企業の多くは自己資本比率が 10% と低いですが、銀行から最高評価を得られる目標数値としては ⑥　　　　　　 % です。

Q5

利益剰余金を見ると、経営者の ⑦　　　　　　　　がわかります。利益剰余金がどんどん増えていけば、基本的には ⑧　　　　　　　が増え、資金繰りが良くなっていきます。

Q6

企業の経営状況をあらわす指標で重要なものの1つがＲＯＡ（総資産［本］経常利益率）です。

あなたの会社の ROA を現状の数字から計算し、高いか低いかを判断してください。

答え

あなたの会社の経常利益　　　　　　　　　　　A

あなたの会社の総資産（本）　　　　　　　　　B

ＲＯＡ＝（A　　　　　　　）÷（B　　　　　　　）× 100

　　　＝（C　　　　　　　）

Q7

ROA を高めるためには、利益に貢献していない資産を処分するのが有効な手段です。

あなたの会社で処分すべき資産があれば、書き出してください。

答え

まとめワークの答え

Q1 → ①時価

Q2 → ②耐用年数、③返済期間

Q3 → ④自己資本（純資産）、⑤自己資本の額（内部留保）

Q4 → ⑥ 60

Q5 → ⑦能力（稼ぐ力）、⑧キャッシュ（現金預金）

Q6 → 計算してみてください

Q7 → 例）福利厚生用の別荘、高級車、有休資産など

頭がいい社長は「損益計算書」のココしか見ない

損益計算書は少し形を変えて分析しよう

- ・経費を変動費と固定費に分けてみる
- ・収益構造がわかると、分析が可能になる
- ・根拠のある売上目標を立てるには必須な知識！

売上との関係性で、経費を2つに分ける

損益計算書の解説では、一番上に売上高があり、そこからさまざまな費用が出ていき、最終的に残ったものが利益（当期純利益）であるという説明をしました。

損益計算書の深読みでは**売上高からマイナスする費用を、変動費と固定費の2種類に分解**していきます。

その理由は、損益計算書の構成のままでは、会社の収益構造を把握することができないからです。

たとえば、いくら売り上げれば黒字になるのか？

キャッシュベースで黒字になるのか？

などを知るためには、費用を変動費と固定費に分けた、「**変動損益計算書**」というものを使う必要があります。

これは、いわゆる制度会計（法にもとづいて行う会計）でつくる損益計算書ではなく、管理会計（会社が独自に行う会計）によってつくるものです。

　つくるのもつくらないのも会社の自由なので、変動損益計算書を作成していない会社もありますが、私は経営者と業績について話をするときには、必ず変動損益計算書を使っています。

　変動損益計算書を使えば、売上がいくら増えれば、いくら利益が出るのか、いくらお金が残るのか、などがわかるので、**根拠のある売上目標を立てることができるようになる**からです。

　よく「前期比売上10%アップ」といった根拠のない売上目標を設定し、達成できたけれど赤字になってしまった、キャッシュもなくなってしまった、というような事故を起こしている会社があります。それでは、本末転倒ですよね。

損益計算書と変動損益計算書の違い

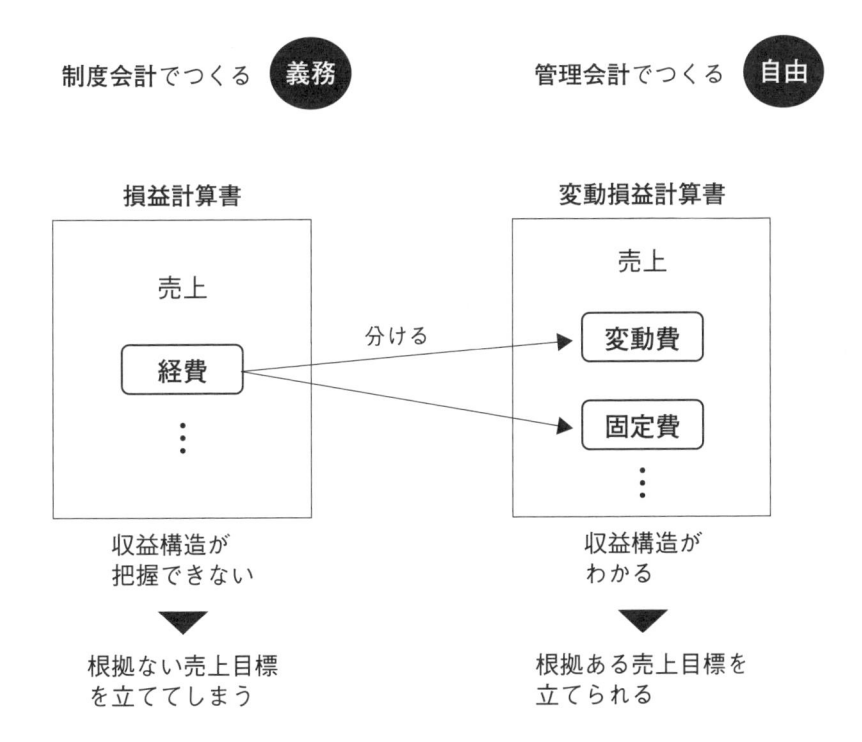

変動費、固定費、限界利益の3つが登場！

　変動損益計算書では、経費を「変動費」と「固定費」に分け、売上から変動費を引いた金額を「限界利益」としてあらわします。

　変動損益計算書に特徴的な項目はこの3つです。それぞれ内容を説明していきましょう。

項目1　変動費

　変動費とは、仕入、材料費、外注費など、売上の金額に比例して発生する費用のことです。売上が増えれば変動費も増え、売上が減れば、変動費も減るというように、売上の動きによって、金額が「変動」する費用のことをいいます。

項目2　固定費

　固定費は、人件費、水道光熱費、通信費、地代家賃など、売上の金額と関係なく、「固定」的に発生する費用のことです。

　たとえば、家賃は売上が2倍になろうが、ゼロであろうが、毎月売上と関係なく、同じ金額を払いますよね。固定費とはそういう性質をもつ費用のことです。

項目3　限界利益

　売上から変動費をマイナスした金額を「限界利益」といいます。限界利益という言葉は、少しわかりづらいのですが、損益計算書でいう粗利益のようなものだと思っていただければ大丈夫です（厳密にいうと意味合いが若干異なります）。

　この限界利益から固定費を差し引いたものが、経常利益となります。

変動損益計算書の構造を理解しておこう

変動損益計算書

売上	100
変動費	－) 50
限界利益	50
固定費	－) 40
利益	10

変動損益計算書（ストラック図）

売上 100	変動費 50	左から右へ流れていくボックス図
	限界利益 50	固定費 40
		利益 10

変動費　売上の金額に比例して発生する費用
例　仕入、材料費、外注費、
　　工場での賃金（製造に携わる人）など

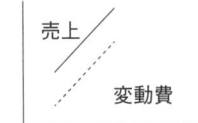

固定費　売上の金額と関係なく発生する費用
例　人件費（管理に携わる人）、地代家賃、
　　通信費、水道光熱費（オフィス）

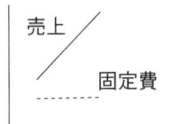

限界利益　＝　売上　－　変動費

イメージ的には、粗利益（売上総利益）のようなもの

耳慣れない言葉が
出てきますが、基本的な
構造を理解してください

形を変えた損益計算書で目標売上を確認

・固定費以上に限界利益を稼ぐ
・収支トントンとなる損益分岐点売上高を計算する
・変動費と固定費をしっかり分けることが重要

経営者が絶対に押さえておきたい3項目

変動損益計算書を見るときの重要ポイントは、以下の3つです。経営者のみなさんは、必ず把握しておきましょう。

> **3つの重要ポイント**
> ① 月々の固定費
> ② 限界利益率
> ③ 損益分岐点売上高

次ページの図を使って解説します。

A社では、変動費率は35%、固定費は毎月55発生しています。変動費率とは、売上に対する変動費の割合のことで、「変動費÷売上×100」で計算できます（過去の実績から算出）。

では、A社の売上が100のとき、変動損益計算書の数字はどうなるでしょう？　変動費率が35%ですから、変動費は35（売上100×変動費率35%）、限界利益（粗利益）は65（売上100−変動

費35）になります。この限界利益65から固定費55を引くと、利益は10となります。

　ここで押さえておきたいのは、**限界利益で固定費を回収し、それ以上に利益が残ったときに、はじめて利益がプラスになる**ということです。

A社の変動損益計算書

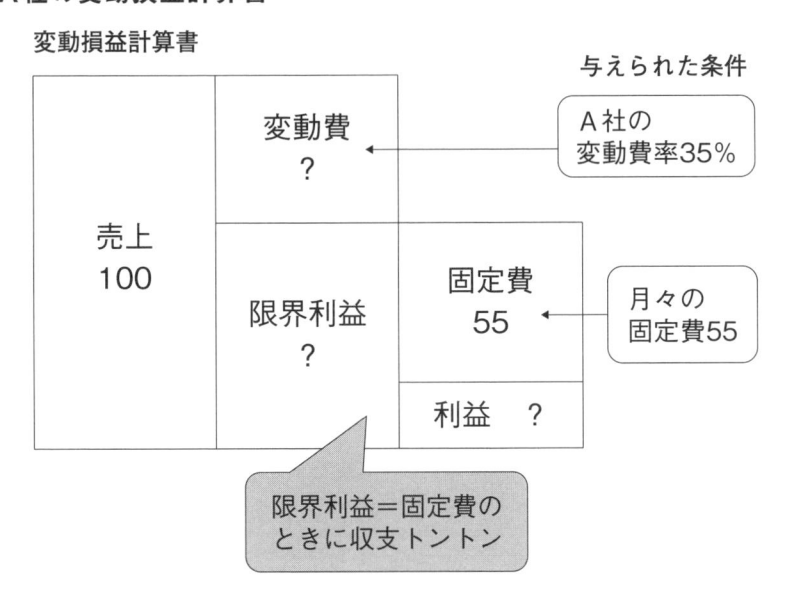

変動損益計算書

与えられた条件

売上 100	変動費 ?		A社の 変動費率35%
	限界利益 ?	固定費 55	月々の 固定費55
		利益　?	

限界利益＝固定費の ときに収支トントン

変動損益計算書

売上 100	変動費 35	
	限界利益 65	固定費 55
		利益　10

限界利益で固定費 を回収して利益が 残っている状態

この例では固定費が55ですので、限界利益が55あれば、収支トントンということがわかります。

損益分岐点売上高がわかると目標売上がわかる

収支トントンにするためには、売上がいくらあればよいのか？というのが**損益分岐点売上高**です。

損益分岐点売上高がわかると、いくら売り上げると、いくら利益が出るかがわかるので、根拠のある目標売上を立てることができるようになります。

損益分岐点売上高は、「固定費÷限界利益率」で算出されます。

A社では、固定費は55、限界利益率は「限界利益÷売上×100」で計算して65％（65÷100×100）です。ただし、A社の例では変動費率がわかっていますので、限界利益率は「100％−変動費率35％＝65％」と求めることもできます。

A社の損益分岐点売上高は、「固定費55÷限界利益率65％＝約85」です。売上が85で収支トントンですから、A社では、最低でも85以上の売上が必要だということになります。また、限界利益率が65％なので、A社では100売り上げると、利益（限界利益）は65増えます。

このように、**変動費率や固定費が基本的には固定されている前提で収益構造を理解すると**、売上の金額さえわかれば、利益がいくら出るかがわかるようになります。

変動費と固定費の区分けはしっかりと！

変動費については、小売業や卸売業などの場合は基本的に仕入

しかないので、売上原価を変動費とし、売上総利益（粗利益）を限界利益とすることができます。

　しかし、製造業、運送業、建築業などの場合は、売上原価とされるもののなかに、工場の家賃、機械の減価償却費、管理部門の人件費などの、変動費でない項目がたくさん含まれているので、これらを抜き出して固定費に分類しなければなりません。

　固定費に分類されるものが変動費に入っていると、損益分岐点の計算が正しくできなくなりますので、変動費・固定費については、正確に把握するようにしましょう。

損益分岐点を計算してみる

変動損益計算書

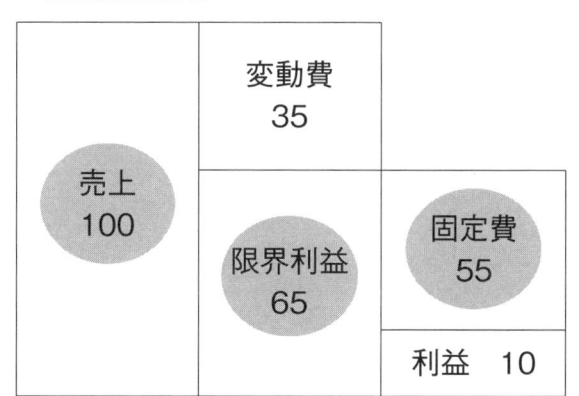

$$限界利益率 ＝ 限界利益 \div 売上 \times 100$$
$$＝ 65 \div 100 \times 100 ＝ 65\%$$

$$損益分岐点売上高 ＝ 固定費 \div 限界利益率 \times 100$$
$$＝ 55 \div 65 \times 100 ＝ 約85$$

収支トントンになる売上高は85

キャッシュが固定費の 何カ月分あるかを見る

・売上ゼロでも半年は耐えられるようにする
・目標は固定費の6カ月分、理想は2年
・それぞれの会社の実態に合わせて考える

目標キャッシュは固定費の6カ月分

　これまで繰り返し述べてきましたが、もっとも重要なことは、会社を存続させることです。

　会社が倒産するのはお金がなくなったときなので、イザというときに耐えられるだけのお金を、日頃から備えておく必要があります。

　では、具体的にどの程度のお金をもっておくと、安心なのでしょうか?

　それについては、**最低でも固定費の半年分のキャッシュを目標とすること**をおすすめしています。

　それだけあれば、半年間売上がゼロになっても、会社はなんとか耐えることができます。経営者は、その半年間を余裕期間として会社を立て直し、新たな道を切り開くこともできるでしょう。

　お金は多いに越したことはありませんので、**理想は固定費の2年分です**。これだけあればかなり強い状態になります。

借金返済が大きいときは、その分もプラス

　月商の３カ月分のキャッシュをもっておこう、ということもよく言われますが、たとえば限界利益率（限界利益÷売上×100）が高い会社と低い会社とでは、月商３カ月分のもつ意味合いが違ってきます。どの水準までお金をもてば安心かは、業種業態や規模など、会社の中身によって異なります。

　このことは先ほどの固定費の半年分という目標も同様で、借入金の返済が大きい会社であれば、固定費に加えて借入金の返済額を合わせた金額で半年分を備えておいたほうが安心です。

　いくら備えておけばよいかは、自社の実態をもとに総合的に判断してください。

固定費の６カ月分を備えておこう

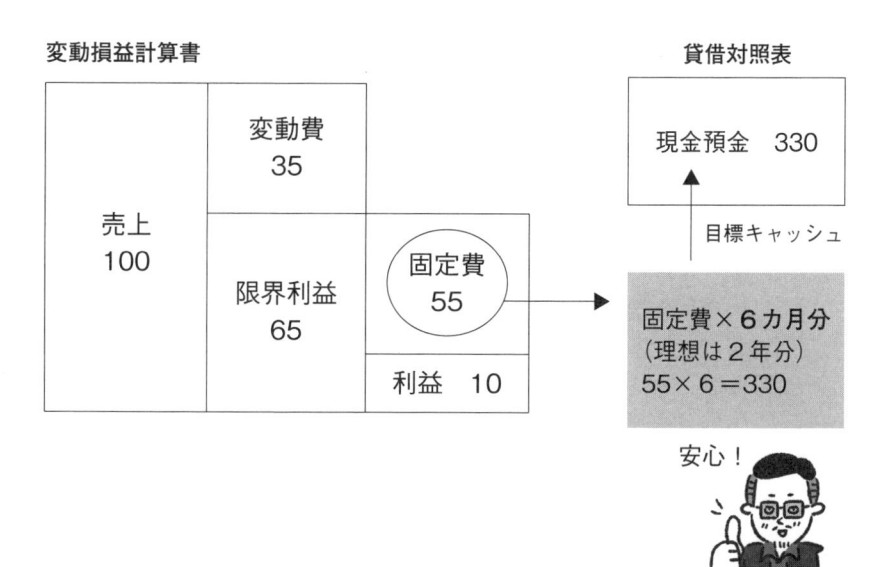

損益改善できる項目が
ないかを確認する

- 利益を増やすには6つの方法がある
- 損益改善によって強い財務体質をつくろう
- 小さなことの積み重ねが大きな成果を生む

利益を増やす6つの方法とは

　会社のお金を潤沢にし、強い財務体質をつくるためには、自己資本（貸借対照表の純資産）を大きくしていく必要があります。

　そのためには、利益を増やしていかねばなりません。

　利益を増やす方法は6つあります。

利益を増やす6つの方法
①固定費を減らす
②変動費率を下げる（仕入単価を下げる）
③売上単価を上げる（付加価値向上）
④売上を増やす
　（値引き販売をして限界利益率を下げないよう注意）
⑤限界利益率を上げる
　（利益率の低い商品をはずす）
⑥固定費を上げてそれ以上に限界利益を上げる

方法1　固定費を減らす

業績が悪化してきたとき、必ずといっていいほど行われるのが、固定費の削減です。

しかし、「いままでさんざん削ってきた。もうこれ以上削れるところがない」「従業員の給料を減らすわけにもいかないし……」といった嘆きの声もよく聞きます。

そんなときは、**固定費を変動費化できないかを考えるのも手です**。たとえば、人件費については業務委託契約にして、仕事があるときだけ発注するといった方法が考えられます。外注費として支払えば、売上の発生に比例して費用が発生するので、人件費を変動費化することができます。

方法2　変動費率を下げる

これ以上、固定費を削るのはむずかしくても、変動費は本当に削れませんか？

たとえば、売上2億円、変動費9,000万円、固定費1億円の会社があるとしましょう。

この会社では、変動費率を1ポイント（％）下げることができれば、変動費が200万円（売上2億円×1％）減り、利益が200万円増えることになります。固定費を無理やり100万円減らすより、変動費率を1ポイント下げたほうが、効果が大きくなるのです。

自社でできることを
探してみてね

みなさんは、仕入先から相見積もりをとっていますか？

1個当たりの金額が大きいときは相見積もりをとっても、小さな金額の場合は、とっていないことも多いです。

変動費の削減とは、小さいものを積み重ねて大きくすることです。 ネジを1本1円安くするだけでも、違ってきます。

また、仕入単価を下げるだけでなく、いままでのやり方を踏襲していくのがベストなのかも確認しておく必要があります。

たとえば、製品をつくるのに、本当にネジは10本いるのか、8本にできないかなど、必要な部品の点数を見なおしてみます。部品の点数が少なくなれば、作業員の工数を減らすことができます。

また、動線の見なおしも、意外と効果があります。

方法3　売上単価を上げる

利益を増やすには、売上単価のアップも効果的です。単価が1ポイント（％）上がれば、先ほどのA社では、2億円×1％＝200万円の利益が増え、変動費率を下げるのと同じ効果があります。

経営者は値上げを怖がりますが、0.1％でも無理なのか？

小さなことを積み重ねて、積み重ねて、やるべきことをやれば、その結果として、大きな利益を出すことができます。 小さなことに対しても、力を尽くすことを惜しまないようにしましょう。

とはいえ、単純に値段だけを上げたら、顧客が離れる可能性もあります。中小企業は基本的に薄利多売の商売をすると大企業に負けるので、価格以上の価値を提供する必要があります。高付加価値戦略で勝負するのがセオリーです。

方法4　売上を増やす

売上については、利益から逆算して、いくら増やせばよいのかを考えます。注意したいのは、売上を増やすために**値引き販売を**

しないことです。値引きによって限界利益率が下がると、売上が増えても利益が減る結果になるので、値引き販売は避けましょう。

方法5　限界利益率を上げる

限界利益率が上がれば、売上が同じでも、利益は増えます。

商品のなかには、限界利益率が高いものもあれば、そうでないものもあります。中小企業は、大企業のようになんでもそろえて売ることはできませんので、なるべく限界利益率の高い商品・サービスを優先的に売ることを考えてみてください。

限界利益率の低い商品をはずすだけでも、限界利益率は上がっていきます。

方法6　固定費を上げてそれ以上に限界利益を上げる

固定費のなかでも、先行投資にあたる部分（未来費用、戦略経費）を増やします。

すぐには効果が出ないかもしれませんが、将来のための費用を増やして、それ以上に大きくして回収していくという戦略をとるということです。

＼ **黒字格言** ／

利益を増やして、
自己資本を厚くしよう！
いますぐできることから実行しよう

Q1

会社の収益構造を把握するためには、損益計算書の経費を ① _____ と ② _____ に分けた「変動損益計算書」というものをつくる必要があります。

Q2

根拠のある売上目標を立てるためには、損益計算書ではなく、③ _____ を使います。

Q3

変動損益計算書では、④ _____ ⑤ _____ ⑥ _____ の3つを押さえます。

Q4

収支トントンとなる売上高を ⑦ _____ といいます。

Q5

以下は損益計算書の利益を増やす6つの方法です。空欄にあてはまる語句を回答してください。

1　⑧ _____ を減らす

2　⑨ _____ を増やす

→値引きはせず利益率を維持したまま

3 ⑩[   ] を下げる

→仕入単価や外注費などの変動費を下げる

4 ⑪[   ]（粗利益率）を上げる

→限界利益率の高い商品・サービスの販売に注力する

5 ⑫[   ] を上げてそれ以上に ⑬[   ] を上げる

6 ⑭[   ] を上げる

Q6

Q5における6つの方法のうち、あなたの会社が注力すべきなのはどれか、理由とともに回答してください。

答え

Q7

あなたの会社の変動費の具体例をあげてみてください。

答え

Q8

あなたの会社の固定費の具体例をあげてみてください。

答え

まとめワークの答え

Q1 → ①変動費、②固定費

Q2 → ③変動損益計算書

Q3 → ④実態の固定費、⑤限界利益率、⑥損益分岐点売上高

Q4 → ⑦損益分岐点売上高

Q5 → ⑧固定費、⑨売上、⑩変動費率、⑪限界利益率、
⑫固定費（未来費用、先行投資、戦略経費）、
⑬限界利益、⑭売上単価

Q6～8 → 自由回答

“手残り”を
増やすための
財務改善法

そんなに、変わったの?

え〜?

資金繰りを悪くしている 10の原因

・売上が上がっても資金繰りはラクにならない
・売上を上げる技術とお金を残す技術は別物
・お金が残る状態にするための解決策を知ろう

企業の9割は資金繰りがうまくいってない！

CHAPTER5まで、貸借対照表を良い状態にすること、そのために損益計算書を良くしていくことが、会社の生き残りに直結することを解説してきました。ここからは数字を改善し、会社にお金を残すための具体的な方法を紹介していきましょう。

私の体感では、9割くらいの中小企業は、資金繰りがうまくいっていません。そして、多くの経営者が「売上がもう少し増えたらラクになる」と思っています。

年商が増えたら、本当に資金繰りがラクになるのでしょうか。たとえば年商5,000万円の会社の経営者は、売上が1億円になれば資金繰りがラクになる、と思っています。年商1億円の会社の経営者はどうかというと、年商3億円になれば、と考えています。では、年商3億円の会社の経営者は？　一緒です！　**売上の規模はまったく関係ありません。数字に弱い経営者は、つねに資金繰りで苦しんでいます。**

なぜそうなるのか。身近な例に置き換えるとわかりやすいかも

しれません。たとえば、月給20万円の人は、収入があと5万円増えたら、生活がラクになると思っています。では、月給25万円の人はどうかというと、やはりあと5万円収入が増えれば、と思っています。でも、収入が増えれば増えた分、何かと出ていくお金も増えるので、いっこうにラクになりません。

　月給20万円の人でも、お金を貯められる人は貯めることができますが、月給100万円になっても、お金を貯められない人は、いっこうに貯められません。

　会社も同じです。入ってくる額を増やしても、残る額が増えるわけではありません。前にもふれたように、「売上を上げる技術」と「お金を残す技術」は別物だからです。
「お金を残す技術」がないと、いくら売上のお金が入ってきても、お金が残る状態にはなりません。

企業が倒産する原因

?

企業が倒産するのは**赤字**だからでしょ？

違います！
黒字でもお金がなければ倒産します

資金が底をつくと？ **危険！**

×取引先への支払いができない
×従業員に給料が払えない
×借入金の返済ができない
×税金を納めることができない
　　　　　　　　　　　など

だから

お金を残す技術を身につけよう

自社が悪い状況にないか、チェックしてみよう

「顧問税理士から決算書の数字が良いと言われているのに、全然、**お金が増えていきません。税理士にだまされているんでしょうか？**」

こんな相談を受けることがあります。決算書は黒字なのに、なぜかお金が増えている気がしない、と言うのです。

でも、みなさん安心してくださいね！　多くの経営者は、なぜそうなっているのか、理解していません。

次ページに、利益が出ているのに会社にお金がなくなる代表的な理由を10コ紹介しますので、自社にこのような状況がないか、チェックしてみましょう。

中小企業あるある

勘定合って銭足らず！	会社のお金の流れが、よくわからない
帳簿上は儲かっているのに、お金が残っていない	いつも資金繰りのことばかり考えている
税理士にだまされているのではと疑心暗鬼になる	

おかしいなあ？

なんで？

このままではダメですよ

会社のお金が減ってしまう10の原因と解決策

10の原因

□ 1 借入金の元本返済がある
□ 2 適正な資金調達ができていない
　　　例）借入金で購入した資産の耐用年数と借入金の返済期間が
　　　　　合っていない。運転資金の借入れに短期継続融資や当座
　　　　　貸越を使っていない
□ 3 棚卸資産が増えている
□ 4 売掛金が増えている
□ 5 仕入債務の支払いについてサイクル負けしている
　　　（入金サイクルが長く、支払サイクルが短い）
□ 6 固定資産を購入した
□ 7 経費のムダ遣いをしている
□ 8 節税をしている
□ 9 投資商品を購入した
□ 10 補助金を利用している

原因や問題点の
把握をしよう

解決策の例

□ 1 資金繰り表を作成し資金ショートを防ぐ
□ 2 借り換えを行う
□ 3 適正在庫を維持、不良在庫を処分、受注生産
□ 4 不良債権を処分、代金先払い（前受け）での
　　　サービス提供
□ 5 仕入債務の支払いサイトを延ばす
　　　（支払手形の利用など）
□ 6 ムダな資産の購入を避ける
□ 7 経費のムダ遣いをやめる
□ 8 節税をせず、利益を留保！
□ 9 節税する暇があるなら本業に注力しよう
□ 10 補助金を受けるための購入はしない

財務構造の変革をし
ないと、お金が足り
ない状況が続きます

借入金を借り換えて "手残り" を増やそう

- ・キャッシュ不足の原因は借入金
- ・返済期間が短いときは借り換えを検討する
- ・運転資金は短期継続融資や当座貸越で借りよう

キャッシュが不足する3つの原因とは

損益計算書上は黒字で儲かっているのに、会社にキャッシュが足りなくなる原因の1つは、借入金です。

おもに次の3つの原因が考えられます。

キャッシュ不足の3大要因
①月々の元本返済による資金繰りへの影響を
　しっかり把握していない
②購入した資産の耐用年数と借入金の返済
　期間が見合っていない
③運転資金の借入れ方が間違っている

会社の資金繰りには、借入金の返済のように、損益計算書に出てこないお金の出し入れが関係しています。

たとえば、1,000万円の黒字が出ているときは、儲けがあるので、表面的には問題ないように見えます。

しかし、借入金の元本返済が3,000万円あったらどうでしょう。利益（返済原資）1,000万円がすべてキャッシュで存在していたとしても、2,000万円は不足しています。手元のキャッシュで返済できなければ、借入れなどをして、どうにかして資金調達しなくてはいけなくなってしまいます。

万一、借入れができなければ、資金不足から倒産ということにもなりかねません。

借入金の元本返済は損益計算書に載らないため、キャッシュの動きは、見落としがちになります。

損益計算書に出てこない資金繰りについては、「資金繰り表」をつくって把握していくとよいでしょう。なお、資金繰り表については、本書では、簿記や決算書などの知識をつけてもらうことを目的にしているため、くわしくふれていません。気になる方は類書などでご確認ください（または私のYouTubeチャンネルへ。巻末のQRコードの登録でひな型もお送りしています。2024年12月時点）。

損益計算書に出てこないお金の動きに注意！

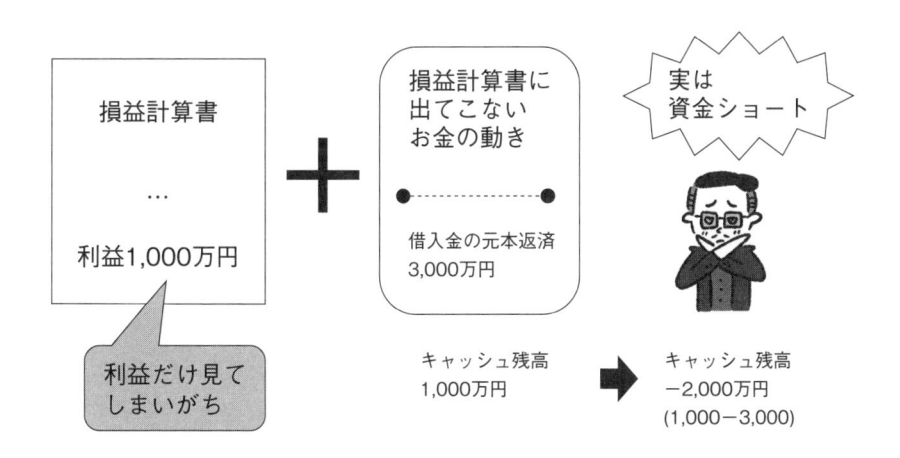

損益計算書

…

利益1,000万円

利益だけ見てしまいがち

＋

損益計算書に出てこないお金の動き

借入金の元本返済3,000万円

キャッシュ残高1,000万円

実は資金ショート

キャッシュ残高−2,000万円（1,000−3,000）

解決策！　資金繰り表をつくって資金ショートを防ごう！

ハッキリいって、金利より借入期間が重要

多くの経営者が借入れの際に一番気にしているポイントは、金利です。しかし、**ハッキリいって金利よりも借入期間のほうが圧倒的に重要**です。

たとえば、1億円を返済期間5年で借りた場合、ごく単純に考えて、毎年2,000万円の元本返済が発生します。

しかし、同じ1億円の借入れでも、返済期間が20年なら、毎年500万円の元本返済ですみます。つまり、**毎年の返済額に、4倍もの開きが出ていることになります**。それが資金繰りにも影響してくるのです。

低い金利で借りられたとしても、6カ月などの短期間で返す借金をしてしまうと、資金繰りは悪くなります。

とくに、建物など長期にわたって会社の利益に貢献することを期待して取得する資産を、短期の借入れで購入してしまっては資金繰りがうまくいくはずがありません。

この解決策としては、借り換えが考えられます。

たとえば、5年返済の借入金を15年返済に借り換えるだけでも、元本の返済額が3分の1ですむので、資金に余裕ができます。借り換えを行ったことで、倒産寸前だった会社が持ち直したばかりか、成長を遂げて優良会社になった例もあります。

金利が多少上がったとしても、借入期間が長いほうが圧倒的に資金繰りはラクになるのです。

ただし闇雲に借入期間を延ばそうとしても正当な理由がなければ、金融機関に応じてもらうことはできません。正当な理由とは、資金使途に応じた適正な借入方法にすることです。

設備投資であれば、投資対象の資産の耐用年数に借入期間を合わせていくことになります。

運転資金は短期継続融資か当座貸越で借りる

運転資金の借入れにも注意が必要です。運転資金は、会社が継続している限り、基本的に一定の金額が発生し続けます。その運転資金を返済してしまえば資金繰りが悪化するのは当然です。

借入期間を延ばして資金繰りを楽にする

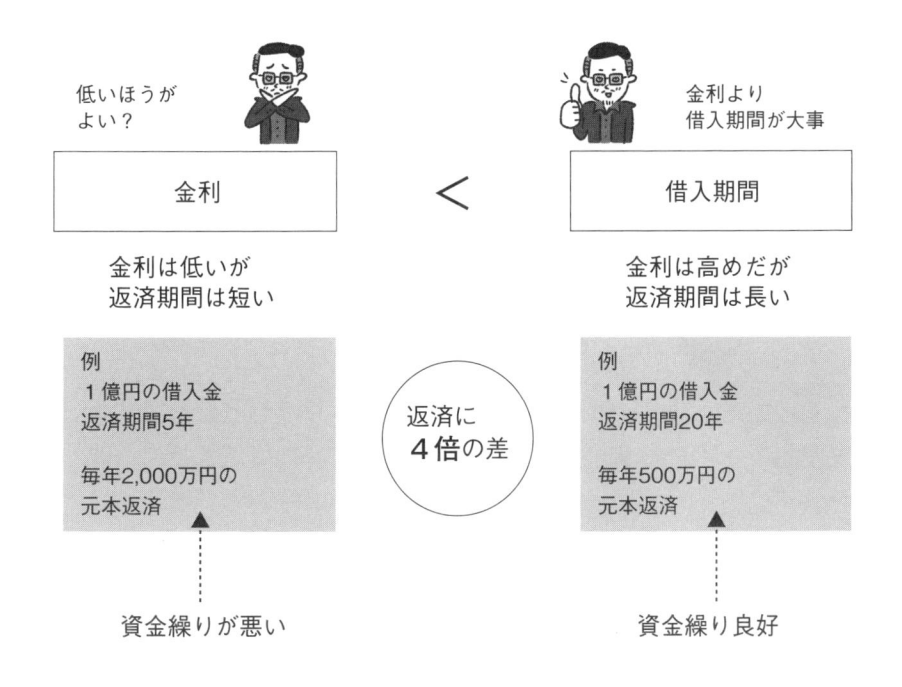

低いほうがよい？

| 金利 | < | 借入期間 |

金利より借入期間が大事

金利は低いが返済期間は短い

金利は高めだが返済期間は長い

例
1億円の借入金
返済期間5年

毎年2,000万円の元本返済

返済に
4倍の差

例
1億円の借入金
返済期間20年

毎年500万円の元本返済

資金繰りが悪い　　　　　　　　　　　資金繰り良好

解決策！　　**返済期間が長くなるよう借り換える**

運転資金を借り入れるときは、経常的に必要となる運転資金の額を把握しておき、その部分については、次のような元本返済のない借入金でまかなえるようにしましょう。

運転資金借入れのおすすめ融資
①短期継続融資
②当座貸越

おすすめ融資1　短期継続融資

「短期継続融資」は、**手形貸付を毎年更新**して回していく方法です。手形貸付では、1年後などの満期時に一括返済するのですが、また同じ額を借りてスライドしていきます。この方法をとると、**実質的には利息だけを支払って元本は返さなくてすむ**ので、運転資金をキープしておくことができます。

　ただし、注意点としては、金融機関が借入れを更新してくれない場合は一括返済になるので、資金繰りが一気に悪化してしまうことです。また、手形で貸付けを行うので、万一返済ができずに不渡りを出せば、倒産するリスクもあります。

おすすめ融資2　当座貸越

「当座貸越」は、当座貸越契約を結ぶことで貸出限度額の枠が設定され、その枠の範囲内であれば、いつでも融資を受けられるという方法です。借入れの契約を毎回する必要はなく、必要なときにすぐにお金を調達できます。また、一般的な借入れ（約定弁済）と違って、毎月返済する必要はありません。借りっぱなしにしたければ、ずっと手元に置いておけますし、不要なときには返済して利息の負担を減らすことが可能です。

　常時必要な運転資金については短期継続融資で、突発的に大き

な仕入が発生するなど、**一時的に発生するものについては当座貸越でまかなう**など臨機応変に使い分けてください。

　本来、運転資金は、元本返済の必要がない借入金か自己資本でまかなわなければならないものです。継続的に利益を出し続けて自己資本を厚くしていけば、いずれは運転資金の借入れが必要ない状態になっていきます。

通常融資と短期継続融資・当座貸越の違い

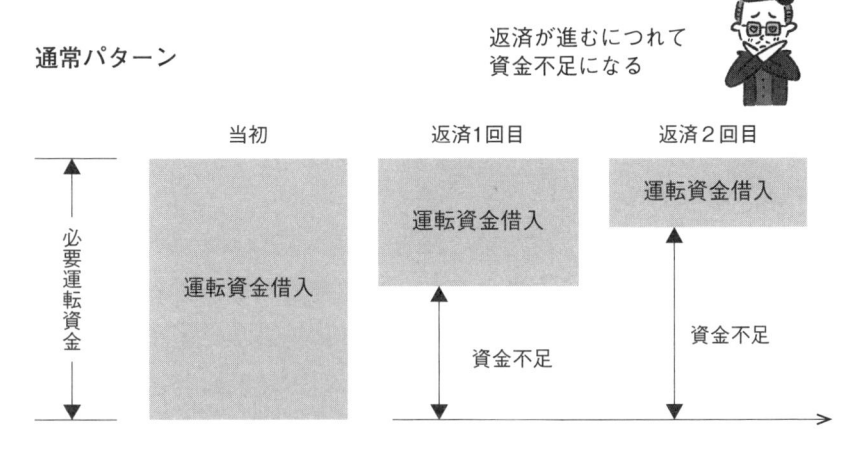

通常パターン

返済が進むにつれて
資金不足になる

当初／返済1回目／返済2回目

必要運転資金

運転資金借入

資金不足

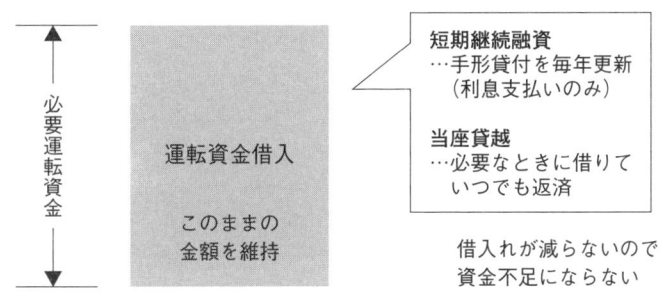

短期継続融資・当座貸越

必要運転資金

運転資金借入

このままの
金額を維持

短期継続融資
…手形貸付を毎年更新
（利息支払いのみ）

当座貸越
…必要なときに借りて
いつでも返済

借入れが減らないので
資金不足にならない

解決策！　短期継続融資や当座貸越を使う

運転資金を減らして "手残り" を増やそう

・運転資金とは、一時的な立て替え状態のお金
・運転資金＝売上債権＋棚卸資産－仕入債務
・運転資金を減らすのには3つの方法がある

売上が増えると運転資金も増える

　会社を経営していくうえで、運転資金の問題は避けてとおることはできません。**運転資金を意識せずに経営していると、売上増加とともに必要な資金が増え、資金繰りが圧迫されてきます。**

　とくに急激に売上が伸びたときや、会社規模が拡大したときには運転資金も急激に増加して、資金ショートから倒産にもつながりかねないので、気をつけてください。

　運転資金を減らしていくことを意識しましょう。

　運転資金という言葉自体は、おそらく多くの方が聞いたことはあると思います。運転資金という名目で金融機関から借入れをしている会社も多いのですが、運転資金の本当の意味を理解している経営者は意外と少ないかもしれません。

　運転資金というのは、消耗品費や通信費、水道光熱費といった、日々の経費の支払いのための資金ではありません。それらも広い意味では運転資金といえるのかもしれませんが、金融機関からの

借入れの対象となる**運転資金は、一時的に会社が立替払いをした状態になっているお金**のことをいいます。

　運転資金には、売上債権、棚卸資産、仕入債務の３つが関連しており、運転資金は、「売上債権＋棚卸資産－仕入債務」の計算式で求めることができます。

運転資金とは？

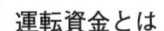

一時的に会社が立替払いしている状態になっているお金のこと
（日々の経費の支払いのことではない）

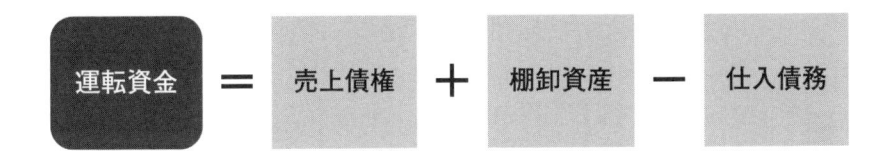

運転資金 ＝ 売上債権 ＋ 棚卸資産 － 仕入債務

イメージ図

運転資金は少ないほうが資金繰りが良好に！

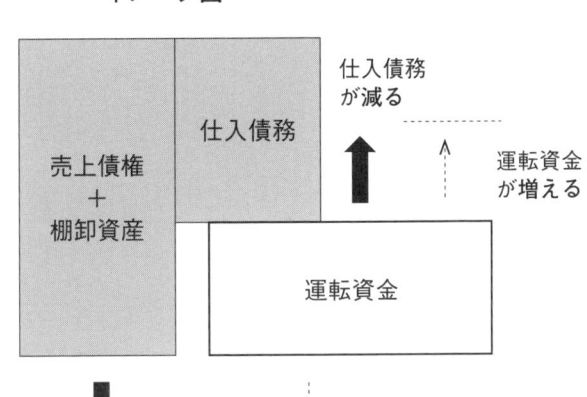

売上債権
＋
棚卸資産

仕入債務

仕入債務が減る

運転資金が増える

運転資金

売上債権と棚卸資産が増える

運転資金が増える

運転資金を減らす3つの方法

運転資金に関係があるのは、棚卸資産、売上債権、仕入債務の3つです。それぞれが、どのように運転資金へ影響を与えるかを見てみましょう。運転資金を減らす3つの方法をご紹介します。

方法1　棚卸資産を減らす

棚卸資産（在庫）は、先にお金を払って仕入れるものなので、在庫が増えれば増えるほど、先にお金がたくさん出ていっていることになります。

そのお金は、在庫が売れて入金されるまで回収することができません。そのため、一時的に（お金が回収されるまで）会社がお金を立て替えているような状態になり、その分の運転資金の手当てが必要になるのです。

運転資金を減らすためには、在庫を減らす必要があります。

対策としては、適正在庫を把握し、欠品を出さないように注意しつつ、ムダな在庫をもたないことに尽きます。在庫が増えると、資金繰りは当然悪化していきます。

方法2　売上債権を減らす

売上債権（売掛金や受取手形）も棚卸資産と同様に、債権が回収されるまでお金は増えません。会社としては、一時的にお金を立て替えているような状態になります。

売上債権が増えるのは良いことのように思えますが、お金がどんどん減っていくのと同じことだと考えましょう。

現金預金以外の資産が増えると、基本的にお金は減るという関係があることは、意識していただきたいと思います。現金預金が

ほかの資産に置き替わったということです。

　運転資金を減らすためには、**売上債権の回収サイクルを早める**などの対策をとることになります。

方法3　仕入債務の支払サイクルを長くする

　仕入債務（買掛金と支払手形）は、売上債権とは逆にお金を支払っていない状態です。仕入先などに立て替えてもらっている状態といえます。仕入債務が減るときは、お金が出ていくので、その分、運転資金が増えるという関係になります。

　運転資金を減らすためには、**支払債務の支払サイクルを長くする**などの対策をとることになります。

運転資金を減らすには

運転資金を増やす（＋）
か減らすかか（－）

解決策！

棚卸資産 ＋	……… 販売されて入金があるまで、会社がお金を立て替えている状態	▶ **適正在庫で、ムダな在庫をもたない**
売上債権 ＋	……… 入金があるまで、会社がお金を立て替えている状態	▶ **回収サイクルを早くする**
仕入債務 －	……… 支払うとお金が出ていくので、運転資金が増える	▶ **支払サイクルを長くする**

適正在庫にして
"手残り"を増やそう

- ・機会損失を恐れるより、適正在庫を目指す
- ・在庫管理をしっかり行う
- ・実地棚卸が無理でも帳簿棚卸を行う

在庫はお金の塊、ムダな在庫をなくしていこう

在庫はキャッシュに変わるまでに時間がかかります。商品が販売され→売掛金になり→その売掛金が入金されて、はじめてキャッシュになるからです。

在庫はお金の塊です。

在庫がたくさんあるということは、お金がたくさん流出しているのと同じことなので、できるだけ少ないほうがよい、と考えましょう。

余計な在庫をもたないように管理できれば、運転資金が減るため、資金繰りが安定していきます。

ムダな在庫をもたないためには、大前提として適正在庫を把握している必要があります。たとえば、商品Aはこの程度売れるから、このぐらい置いておけばよいという水準を知っておき、余計な在庫をもたないようにするということです。

「なんでも揃えておかないと、お客さんがよそに行っちゃうよ」

と心配を口にする方もいます。

　たしかに在庫が多ければ、売り損じによる機会損失が発生することはないかもしれませんが、**適正在庫を目指さないのは、ハッキリいって経営者の怠慢です。**

　お金が潤沢にあって余力があるならよいのですが、資金繰りの厳しい中小企業がそんなことをやっていたら、お金がいくらあっても足りませんし、絶対に会社は良くなっていきません。

　品ぞろえでは大手流通や Amazon などには勝てないので、中小企業の勝負どころは、豊富な品ぞろえではありません。

　必要以上に在庫を増やすことは、資金繰りを悪化させる要因になります。**適正在庫を把握し、ムダな在庫は極力減らしていきましょう。**

適正在庫になると、どう変わるのか

 管理が
ずさん

とにかく在庫を
もっておきたい

・運転資金が多くなる
・その分、借入れが
　増える
・ムダな在庫の管理コスト、借入金利が利益を
　圧迫

 資金繰り悪化

 適正在庫

 スッキリ！

・運転資金が減る
・その分、借入れが減る
・管理コスト、借入金利が減り、利益が出る

 資金繰りが良好に

ムダな在庫を抱えるのはデメリットしかない

　在庫に欠品があって倒産する会社はありませんが、不良在庫を山ほど抱えて倒産する会社はいっぱいあります。在庫を適正化する必要があるのは、資金繰りを良くするためだけではありません。

　在庫をもつデメリットは、大きく3つあります。

在庫のデメリット
①管理コストが大きくなる
②滞留在庫や不良在庫が出やすくなる
③借入金の金利負担が生じる

デメリット1　管理コストが大きくなる

　在庫はそもそもお金の塊であるうえに、置いておくための場所代・倉庫代といったコスト、在庫を管理するための手間が発生する、いわば金食い虫です。

　在庫が減れば、管理コストが減り、利益とキャッシュが増えます。その意味でも、適正在庫を意識すべきです。

デメリット2　滞留在庫や不良在庫が出やすくなる

　大量の在庫を抱えると、滞留在庫や不良在庫が発生するリスクが上昇します。滞留在庫とは、ずっと売れておらず、今後も売れる見通しの立たない商品のことをいいます。

　何も利益を生み出さないのに、滞留在庫や不良在庫を抱えておくためにコストが発生しています。そのコストは会社にとって、ムダでしかありません。

　滞留在庫や不良在庫が生じた場合は、なるべく早く処分することを検討しましょう。在庫を処分することで一次的に損失が出ても、利益が出ている年に処分すれば、その年の税金を減らす効果もあります。

デメリット３　借入金の金利負担が生じる

　運転資金を借入金でまかなっている場合は、在庫をもっておくための金利が発生していることも意識してください。

　たとえば、１年間動かない在庫が１億円あり、借入金の金利が１％だとしたら、在庫の１億円に対して１％の金利を払っていることになります。つまり、その在庫を置いておくために、１年間で100万円（１億円×１％）ものムダなコストがかかっているわけです。

　在庫を置きっぱなしにしていたら、金利分の１％を上乗せして売らないと、つり合いがとれなくなってしまいます。

在庫管理には、それ以上の見返りがある

　「**在庫を制するものが資金繰りを制する**」と言ってよいほど、在庫管理は重要なのですが、きちんとできている会社は思いのほか少ないです。

　ムダな在庫が多いということは、管理ができていないということです。管理がずさんなために、売れない在庫がたくさんある一方、売れ筋商品が欠品していたりします。とにかくムダが無茶苦茶に多いのです。

　在庫管理にコストをかけて在庫のムダをなくせば、それ以上のコストを削減できるようになります。

　在庫はお金と同じだ、という意識があれば、在庫の管理もきち

んとできるはずです。どの会社も、お金は銀行口座に入れるなどしてしっかり管理していますよね。しかし、これが在庫となると、とたんに扱いが雑になってしまうのです。

在庫＝お金という意識をもちましょう。

在庫のデータをとるためには、実地棚卸が理想ですが、工数と時間がかるため、決算期末を除いて、実施できている中小企業はほとんどありません。

そこで、実地棚卸の代わりに、「商品をいくつ仕入れて、いくつ売れ、残りはいくつあるのか」を帳簿につけていくという、帳簿棚卸によって、在庫数の把握を行います。

在庫の数量管理ができていないと、適正在庫を把握できないだけでなく、後述するように、月次の業績が正しく出せなくなってしまいます。しっかりと行いましょう。

正しい損益を出すために、帳簿棚卸は必須！

月次決算の際、よく見かけるのは、期首の在庫をそのまま1年間据え置いて計上し、決算期末になってはじめて在庫数を調べて、洗い替えするという方法です。

たとえば、12月決算の会社で、1月（期首）の売上が8億円、月初の在庫が1億円、仕入が5億円、月末の在庫が3億円の会社があったとします。この場合、売上の8億円に紐づく金額（売上原価）は、3億円（月初在庫1億円＋仕入5億円－月末在庫3億円）と計算されます。

しかし、実地棚卸も帳簿棚卸もせずに、月初と月末の在庫を1億円で計上して売上原価を計算すると、5億円の仕入が全額売上原価に入ってきてしまいます。棚卸しをしていれば、3億円だったはずの売上原価が5億円になっているということです。**月次の**

損益が２億円もブレてしまっては、正しい分析はできません。

たとえば、「今月は、やたらと原価率が高いな」と思ったとしても、棚卸しの数字自体が正しくないので、分析する意味がなくなってしまうのです。

毎月ほぼ一定額の在庫がある会社なら、棚卸しはそれほど気にしなくてよいかもしれませんが、在庫の変動が大きいなど、在庫の重要性がある会社は、少なくとも帳簿棚卸は必ずやっていただきたいと思います。

完全受注生産も考えてみよう

先ほどから在庫を減らそう、という話をしているわけですが、在庫をもたずに商売できないか、ということも考えてみましょう。完全受注生産のビジネスモデルに変換できれば、資金繰りが劇的に良くなります。

最初からできないと決めつけてしまっては、できる可能性はゼロです。業界の常識や既存の前提条件などはいったん忘れてゼロベースで考えて、可能性を探ってみてください。

完全受注生産にできれば、注文が入ってから製造するため、ムダが発生しません。在庫を極限まで減らすことが可能です。

＼ 黒字格言 ／

適正在庫は経営にとって良いことづくし。
適正在庫を目指さないのは、経営者の
怠慢と自戒せよ

キャッシュコンバージョンサイクルを最速化

- CCCは仕入れてからお金を回収するまでの所要日数
- CCCは短いほど良い
- 回収サイクルを短く、支払サイクルを長くする

棚卸資産、売上債権、仕入債務に関係する指標

運転資金を減らす方法として、CCC（キャッシュコンバージョンサイクル）の最速化があります。

CCCは、**商品などを仕入れてから売上債権を回収するまでの所要日数をあらわす経営指標です。** 入金されるまでの期間は短いほうが良いため、当然、CCCも短いほうが理想的です。

棚卸資産、売上債権、仕入債務のすべてに関係し、製造・小売業など、在庫が多く発生する業種ではとくに重要な経営指標となっています。

CCCは以下の式で求めることができます。

【計算式】
CCC（キャッシュコンバージョンサイクル）
＝棚卸資産回転期間＋売上債権回転期間－仕入債務回転期間

CCCを計算してみよう

下図に示したのはＣＣＣの概念図ですが、図の③支払い（仕入先へ）から④入金（販売先より）までの日数がＣＣＣです。この日数が**長いと資金負担が重くなるため、資金繰りは厳しくなります**。

図の中ほどにある、**棚卸資産回転期間**とは、自社が商品を仕入れ、商品を販売先へ売るまでの期間のことです。その上の**売上債権回転期間**は、商品を販売してから、代金が振り込まれるまでの期間をいい、一番下の**仕入債務回転期間**は、商品を仕入れてから仕入先に代金を支払うまでの期間のことをいいます。

棚卸資産回転期間が60日、売上債権回転期間が50日、仕入債務回転期間が40日の場合には、ＣＣＣは70日（棚卸資産回転期間60日＋売上債権回転期間50日−仕入債務回転期間40日）となります。

キャッシュコンバージョンサイクルの概念図

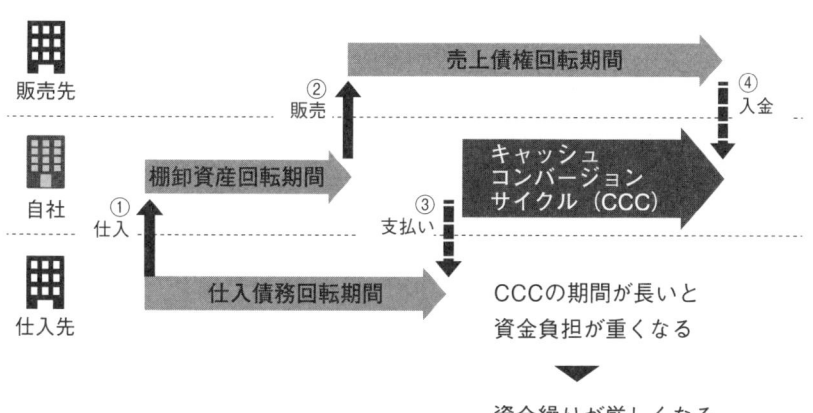

ＣＣＣの70日という数字は、会社が仕入を行い、商品を販売し、入金されるまでの所要日数をあらわします。

　ＣＣＣを短くするには、計算式から、棚卸資産回転期間と売上債権回転期間は短いほうがよく、仕入債務回転期間は長いほうがよいということがわかります。

　ＣＣＣが短くなると、キャッシュが入ってくるまでの所要日数が短くなるため、運転資金が減って会社にお金が残りやすくなり、黒字倒産のリスクも減らすことができます。

サイクル負けをなくしてCCCを短くする

　ＣＣＣを短くするには、サイクル負けをなくすことが一番です。実際、大手企業では「入金は早く、支払いは遅く」を実践しています。そうすることで運転資金を減らすことができるため、資金繰りが良くなります。

解決策1　入金サイクルを短くする

　入金サイクルを短くするためには、売上債権の入金までの期日を早めてもらったり、入金までの期間が長い手形取引をやめるなど、得意先との条件交渉が必要になります。

　自社に有利な条件で取引してもらえるよう、付加価値の高いサービスを提供していくことも大切です。

解決策2　支払サイクルを長くする

　支払サイクルを長くするには、仕入先と交渉して翌月末払いのものを翌々月末払いにしてもらう、手形支払いにさせてもらう、などの方法が考えられます。

　ただし、下請けなどの弱い立場にいる企業への支払条件を悪く

するのは褒められた行為ではないですし、いわゆる下請法などに抵触する可能性もあるので、注意が必要です。

　最近は仕入についても、カード払いできる会社が増えているので、クレジットカードの利用も考えられます。

　カードで決済すると、会社の口座からカード代金が引き落とされるまでに、決済日からさらに1カ月ほどのタイムラグがあるため、資金繰りに余裕ができます。

前受けのビジネスモデルも検討してみよう

　もっと進んだ形を考えるなら、ビジネスモデルを変更し、売上代金を前受けでもらう方法が考えられます。

　たとえば物品などを販売した際に保守サービスをつけて3年分の保守料金などを一括して先に支払ってもらうといった方法、単純に商品やサービスを提供する前に前払いでお金をもらうスタイルにする方法などが考えられます。

　ただ、このような条件で仕事を受注するためには、前受けという条件でも、お客様から選んでいただける質の高い商品やサービスを提供する必要があります。

　同業者と横並びでの商品・サービスでは、前受けを要望しても断られ、他社に売上をもっていかれてしまいます。

　他社との差別化を徹底し、顧客に選ばれるにはどうすればいいかを徹底的に考えてみましょう。

キャッシュフローが足りているかを確認

- ・簡易キャッシュフローを計算してみる
- ・キャッシュフローがマイナスのときは要注意
- ・キャッシュフローを改善する方法を知る

キャッシュフローを把握している会社は少ない

　何度もお話ししたように、経営の優先順位は「キャッシュ>利益>売上」であり、売上より利益やキャッシュのほうが重要です。売上が少なくても、会社にお金が残る状態をつくり出せれば、会社は強くなっていきます。会社を存続させるために、いかに会社にお金を残せるかは、たいへんに重要です。

　繰り返しお話ししているように、会計上の利益とお金の動きは別物なので、利益が出ていても、キャッシュベースでは数千万円単位で赤字になっていることがあります。

　金融機関からの追加融資で経営を維持できていても、**なぜ利益が出ているのに追加融資を受ける必要があるのか、なぜ手元のお金が増えないのかを、立ち止まって考えてみなければなりません。**

　黒字であっても、実態は利益ではなく借金で借金を返しているような状態なので、最初は融資を受けてしのげても、**どこかのタイミングで金融機関の格づけが要注意先以下の区分に落ち、新規**

で融資を受けられなくなってしまいます。その結末は、資金ショートによる倒産です。

　自社のキャッシュフローの状況を的確に把握できている会社は意外と少なく、とくに金融機関から融資を受けているとお金が手元にあるため、経営者は経常的にキャッシュフローが危機的な状況になっていることに、まったく気づいていなかったりします。そして、節税やムダ遣いをしてさらにキャッシュを減らしてしまうケースが後を絶ちません。

キャッシュフローは経営の要

キャッシュフローとは　企業におけるお金の（入り）と（出）

　　　　　　　　　　　自由に使えるお金（企業財務）のこと

	解決策！
どうすればお金が残る経営になるか？	脱節税、損益改善
キャッシュフロー黒字化の戦略は？	支払条件の見直し 損益改善
外科手術と根本治療の方法は？	リスケ、適正資金調達 と体質改善

目指すべきは、安全、安定した経営

損益計算書の利益しか見ていない　NG！

自社のキャッシュフローを計算してみよう

ここで簡易的に自社のキャッシュフローを把握する計算式を記載します。自社の決算書を用意して簡易キャッシュフローを算出してみてください。

キャッシュフローの計算式

【計算式】

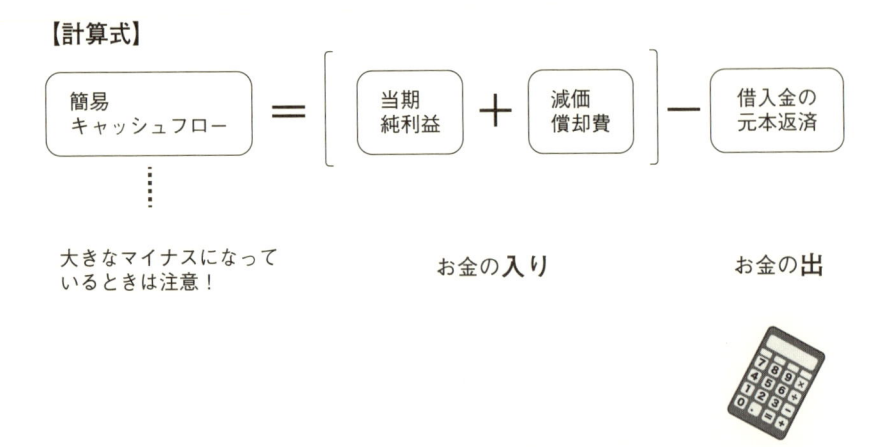

簡易キャッシュフロー ＝ ［当期純利益 ＋ 減価償却費］ － 借入金の元本返済

大きなマイナスになっているときは注意！　　　お金の入り　　　お金の出

計算結果が大きくマイナスになっているときは、問題が生じている可能性が高いので、手遅れになる前に、何らかの対策を講じなければなりません。外科治療的な財務改善が必要な可能性があります。

ちなみに、計算式の前半部分の「当期純利益＋減価償却費」は、会社に入ってくるお金をあらわしています。
当期純利益は会社が稼ぎ出した利益であり、資金繰り的には当然プラスになります。

　減価償却費は、経費として計上されていますが、お金としては出ていっていない費用であるため、資金繰りを考えるときには利益に足し戻す必要があります。

　計算式の後半にある「借入金の元本返済」は、経費には入らないものですが、お金は出ていくので、マイナスします。

　経営者が大きなキャッシュフローの動きを見るときは、この計算式にあてはめてみましょう。

　ただし、この計算式は、損益計算書で算出される利益とお金の動きが異なるもののなかで、ほぼすべての会社に存在し、影響の大きいものだけを調整したものです（細かく計算する場合には、「資金繰り表」をつくることをおすすめします）。あくまで簡易的なものなので、実際のキャッシュの動きとは一致しないことに注意してください。

　たとえば**積立型の保険支払い、定期的な投資信託の購入、設備投資などのように、経費にならない大きな支出**がある場合には、会社から出ていくお金として、「借入金の元本返済」と同様に、マイナスして計算しなければなりません。

　逆に、新たな資金調達を行った場合には、その分のキャッシュが増加することになるので、足して計算することになります。

キャッシュフローの改善方法は3つある

　では、簡易キャッシュフローが大きくマイナスになっているときには、どうやって改善をはかっていけばよいのでしょう。

　簡易キャッシュフローを増やすには、計算式を見るとわかるように、**①当期純利益を増やす、②減価償却費を増やす、③借入金の返済を減らす**という3つの方法が考えられます。

当期純利益が大きくマイナスになっているときは、ムダな資産を売るなどの外科治療だけでは改善できないので、会社を利益体質にする、という根本治療が必要になります。問題点を洗い出して、改善策を愚直に実行し、当期純利益を増やしていくということに尽きます。

　減価償却費は、あくまで結果として出てくる数字であるため、意図的に増やす意味はまったくありません。 減価償却費を増やそうとすると、不要な中古の高級車を買うといった、お金のムダ遣いでしかない対策になってしまいます。

　利益が出ているのにキャッシュがマイナスになるのは、減価償却費とくらべて借入金の元本返済額が多いというのが、原因のほとんどです。適正な資金調達ができているか、チェックしてみてください。

あと4年で資金ショート！　A社の実例

　具体例で説明していきましょう。次ページは、A社の貸借対照表です。損益計算書の当期純利益は、500万円ありますが、仮に利益がすべてキャッシュとして残ったとしても、1年後の貸借対照表では、現金預金は2,400万円減ってしまっています。

　この例では、**新規の融資がなければあと4年ちょっとで資金ショート** してしまう計算になります。

　たとえ金融機関から借入れができたとしても、さらに返済負担は増えますし、放置すればどこかのタイミングで新規融資が止まるので、倒産に向かってしまいます。何らかの対策を打たなければならないことがわかります。

　みなさんも簡易キャッシュフローを確認し、手遅れになる前に、ぜひ自社の財政状態を見直してください。

A社の事例

現状

現金預金 1億円	借入金 1億5,000万円
(固定資産) 建物　3,000万円 土地　5,000万円	資本金 1,000万円 利益剰余金 2,000万円

当期純利益	毎期500万円
建物の 減価償却費	毎期100万円 (耐用年数30年)
借入金の 元本返済額	毎期3,000万円 (返済期間5年)

※税金、利息は便宜的に無視します

1年後

現金預金 7,600万円	借入金 1億2,000万円
(固定資産) 建物　2,900万円 土地　5,000万円	資本金 1,000万円 利益剰余金 2,500万円

－3,000万円（元本返済）

簡易キャッシュフロー　－2,400万円
（500＋100－3,000）
【計算式】
当期純利益＋減価償却費
－借入金の元本返済額

－100万円
（減価償却）

＋500万円
（当期純利益）

4年後

現金預金 400万円	借入金 3,000万円
(固定資産) 建物　2,600万円 土地　5,000万円	資本金 1,000万円 利益剰余金 4,000万円

－9,600万円（簡易キャッシュフロー）
☞2,400万円×4年

資金ショート寸前

【改善案】借り換え
資産の耐用年数30年に合わせて、
返済期間30年の借入金に借り換え
→毎期元本返済額500万円に

現金預金 1億400万円	借入金 1億3,000万円
(固定資産) 建物　2,600万円 土地　5,000万円	資本金 1,000万円 利益剰余金 4,000万円

簡易キャッシュフロー　＋400万円
☞（500＋100－500）×4年

4年後のキャッシュフロー良好！

節税は"手残り"を減らす最大の敵!

- ・節税すると、資金繰りが悪くなる
- ・ムダ遣い節税を避けよう
- ・節税商品にお金を突っ込むな

税金を払うことより、節税のほうがずっとムダ

　会社に残るキャッシュを増やしたいと考えて、節税に走る経営者はたくさんいます。

　しかし、ハッキリいって、節税は間違っています。

　中小企業で資金繰りが苦しくなる大きな原因は、間違いなく節税です。節税すると、会社にお金が残らなくなってしまいます。

　法人税の税率を30%とすると、300万円の節税をするためには、1,000万円というお金を払わなければなりません。

　これで残るお金は、増えていますか?

　逆に、お金が減ってしまっています。

　税金を払うのはムダ!　と考えているかもしれませんが、実は節税するほうがもっとムダなのです。

　このことを理解している経営者は少ないので、ひたすら節税につとめた結果、資金繰りで苦しんで、黒字倒産してしまうようなケースもあります。

4年落ちのベンツがもてはやされたワケ

お金を浪費して節税するのは、何の意味もありません。

たとえば、「4年落ちのベンツは節税に役立つ」と聞いたことはないでしょうか？

10万円を超える固定資産は、使える年数（耐用年数）に応じて、買った金額（取得価額）を減価償却費として費用化していきます。

ベンツなどの普通自動車の耐用年数は6年なので、4年落ちの車は、耐用年数が2年に短縮されます。耐用年数が2年になると、車は1年間（12カ月間）で全額を償却できるのです（細かい話をすると、定額法ではなく定率法で減価償却した場合）。

ただ、12カ月かけて償却していくので、期首に買わないと、経費としてまるまる落とせない点には注意が必要です。どうしてもベンツが業務上必要というのであればよいのですが、**税金を減らすためにベンツを買うのは、完璧にムダな行為です。**

ムダ遣い節税には、交際費もあげられます。交際費は将来の売上・利益獲得のために戦略的に使うものです。飲みの場や接待ゴルフで商談が決まることも多々あるので、ビジネス目的なら問題ないのですが、節税のためだけに交際費を使うのはまったくのムダです。

＼ **黒字格言** ／

節税に走っているあなた！
いますぐ考えを改めましょう。
納税すればお金は残ります

要注意！ 節税商品は、低利回りのものばかり

「節税セミナー」などの名称で開催されるセミナーや勉強会は数えきれないほど存在していますが、それらの最終的な出口は、ほとんどの場合、「節税商品」の販売です。

業者が「経費として落とせるから節税できる」と言って提案してくる節税商品は、低利回りのものがほとんどで、減って戻ってくることすらあります。節税商品を買っても、**断言しますが、資金繰りが良くなることはありません。**

業者にとっては、節税商品が売れさえすれば、ノーリスクで紹介料が入ってくるので、非常においしい話なのです。

その1　オペレーティングリース

オペレーティングリースは、たとえば航空機を買うといった事業に投資して、事業で利益が出たら返してくれるという前提になっています。以前は、確定利回りの商品でリスクも低いという印象がありましたが、コロナ禍で航空機業界は大打撃を受け、多額の損失を被るケースがありました。

その2　コインランドリー

コインランドリーも事業投資なので、お客さんが来なければ、売上は上がらず損失が発生します。オペレーティングリースもコインランドリーも、節税商品というより投資です。

その3　マイニング投資

マイニング投資は、仮想通貨をマイニングし、その仮想通貨を売却して利益を得ようという商品です。しかし、マイニングした

仮想通貨の価値がゼロになれば、収入もゼロになってしまいます。

経営者は「単純返戻率」だけ見よう

以前、売れに売れて、いまでは法律上新規販売できなくなっている節税保険は、完全に論外といえるものでした。

購入した時点で損失が確定しており、100払っても最大で80〜90しか戻ってこないのです。しかも7〜10年間という長期にわたって資金がロックされる悪魔のような商品でした。

それが売れに売れたのは、保険会社が「実質返戻率」という詐欺的な言葉を使ってすすめていたからです。

保険は払ったときに費用計上できるので、100払えば税金30を減らす効果（税率を30％と仮定）があります。

だから、80しか戻ってこなくても、減った分の税金30と合わせれば110になるから得しているよね？

というのが、「実質返戻率」の説明です。

そして、返ってきたお金で退職金を払えばよいというのですが、そもそも退職金を払えばその年の税金は減りますから、保険と退職金はまったく関係ありません。

この保険は、中小企業にとってあまりにも損失が大きく、大損する企業が続出した一方で保険会社はぼろ儲け状態だったため、国税庁の逆鱗にふれて、現在では販売停止になっています。

経営者は、100払ったらいくら戻ってくるのかという「単純返戻率」だけ見ておけばいいのです。減って戻ってくる投資には当然投資価値はありません。経営者は必ず1つの事象だけを見るのではなく、全体最適化を考える癖をつけましょう。

節税商品より、大切な本業に投資しよう

投資には必ずリスクとリターンがありますが、節税商品はハイリスク・ローリターンのものも多いといえます。

私が考えるハイリスクでもっともリターンの大きい投資、それが事業投資です。そもそも経営者のみなさんが行っているのは事業投資であり、一番利益が出ると思ってその商売を選んでいるのだと思います。

それなら、**利回りが低く、自分でコントロールできないリスクの高い節税商品にお金を突っ込むよりも、自身の本業に投じてください。**

本業をまだまだ成長させたいのであれば、なおさらこんなことにお金を使っている場合ではありません。節税商品を買う代わりに、本業に投資して増やすチャンスを失っているということに気づかなければなりません。

結局のところ、節税商品と呼ばれているもののほとんどは単なる投資商品であって、リターンに対して税金がかかります。

つまりホントの意味での節税商品ではないのです。また、うまくいった場合の想定利回りも低いため、こんなものを買うくらいなら借金を返済するほうがまだマシといえます。

繰延節税というのは、お金が減るだけの対策

節税商品というのは、1,000万円払ったら、1,000万円がその年の経費になるというものです。基本的に投資なので、あとで回収する前提になっています。

しかし、今年の税金が減る代わりに将来の税金が増えることになりますので、そもそも節税効果はありません。これは「繰延節税」といって、税金の支払いを将来に繰り延べるという方法で、完全に税金の負担が減るわけではありません。

「今年払う税金が減るなら、手元に残るお金は増えるし、そのほうがよいのでは？」と思うかもしれませんが、ほとんどの場合、税金の減少額以上のキャッシュアウトが発生します。

たとえば、税率が30%と仮定すると、100利益が出れば30の税金が発生します。税金を0にしようと思えば、利益を0にするためにお金を100支出することになります。お金だけ見れば、マイナス100です。

一方、100利益を出して30税金を納めれば、70のお金は残るため、節税しないほうが、お金が残ります。

会社の資金繰りを良くしたいのなら、騙されたと思って納税をしてください。

やってもよい節税策は、お金を使わないもの

やってはいけない節税について解説してきましたが、どのような節税ならやってもよいのでしょう。

極論すると、それはお金を使わない節税です。

たとえば会社に**不良在庫や滞留在庫、使っていない固定資産がある場合は、利益が出た年にそれらの資産を処分すると、**キャッシュアウトを伴わずに経費をつくることができ、利益を圧縮して税負担を減らすことが可能です。

もし帳簿上不要な資産が計上されている場合にはそのような方法も検討してみてください。税金を減らして貸借対照表のスリム化もはかれるという一石二鳥の方法です。

番外編　経営者の "手残り" を増やすには

・社宅、旅費日当、社会保険料の支払いを工夫
・小規模企業共済をかける、家族に所得を分散
・役員報酬を少なくして退職金の準備

経営者におすすめしたい6つの節税策

番外編として、経営者個人の節税法についてもふれておきましょう。

経営者個人もキャッシュを潤沢に備えておけば、危機的な状況に陥ったときに、会社にそのキャッシュを貸しつけて、存続をはかることもできます。

経営者ができる節税策の代表例は、下記の6つです。

経営者へのおすすめ節税策
①自宅を社宅（経営者用）にする
②旅費日当（無税）を支払う
③小規模企業共済をかける
④家族に所得を分散する
⑤社会保険料の負担を減らす
⑥退職金の支払いを工夫する

節税1　自宅を社宅（経営者用）にする

　節税策の1つ目は社宅です。社長が住んでいる自宅を法人名義で契約し、社宅にして社長から会社に家賃を支払う形にします。社長の自宅の家賃が15万円だとすると、社宅にすることで、15万円の約5割〜8割、場合によっては9割程度を会社の経費として落とすことができます。

　法人名義で契約しても社長個人名義で契約しても、外部の第三者である大家さんに支払う金額は変わりませんので、会社と社長を一体として考えた場合には支出を増やさず経費だけ増やすことが可能です。経費が増えることによって利益は減るので、法人税などの負担が減ります。

節税2　旅費日当（無税）を支払う

　2つ目は旅費日当です。旅費規程を整備して旅費日当（出張手当）を支給することで節税になります。出張手当は、支払った会社側では経費になりますが、受け取った役員や従業員側の所得にはなりません。よって出張手当には所得税などがかかりません。

　旅費日当を活用すると、無税で個人（経営者など）に資産を移していくことが可能になります。ただし、旅費規程を整備して規程どおりに運用する必要があります。従業員には一切支払わず、社長だけが手当てをもらっているという状態では、税務調査が入ったときに否認されてしまいますので注意しましょう。

節税3　小規模企業共済をかける

　3つ目は小規模企業共済の利用です。法人は加入できませんが、小規模な会社の役員や個人事業主の方などが加入して、お金を毎月積み立てていくものです。掛金が全額、個人の所得控除の対象となるため、個人の所得税・住民税の負担を減らしながら積み立

てることができます。

　さらに小規模企業共済には貸付制度があり、積み立てた金額の7割～9割程度の貸付けを受けることができるため、貸付制度を活用すると、実際に手元からキャッシュアウトしていく金額は積立額の1割～3割程度に抑えられます。貸付けなので利息は発生しますが、利率も高くないため、それ以上の利回りで運用すれば、さらにキャッシュを生み出すことも可能です。

　所得控除では、掛金の全額が対象となるため、所得が多く税率が高い方の場合、キャッシュアウトしている金額以上に節税できるという現象が起こります。

節税4　家族に所得を分散する

　4つ目は所得分散です。日本の所得税は累進税率であるため、個人の所得を増やしていくと、税負担もどんどん上がってしまいます。家族などを役員として迎え、報酬を支払うなどして所得を分散していくことで、トータルの税負担を抑えられます。

　たとえば、社長が1人で役員報酬を3,000万円受け取っているのであれば、社長1,500万円、配偶者750万円、子供750万円というように分割すると、1人で3,000万円受け取るよりもトータルの税負担が非常に軽くなります。

　ただし、配偶者や子供などが会社で一切仕事をしていないという状態では、税務調査で当然否認されてしまいます。役員としての職責を果たしている必要はあります。

節税5　社会保険料の負担を減らす

　社会保険料は税金ではありませんが、毎月強制的に取られていくという意味では、ほぼ税金と同じようなものです。

　社会保険料も役員報酬の支払い方を変えることによって、負担を減らすことができます。たとえば社長が月200万円、年間2,400

万円の役員報酬を受け取っているとしましょう。

このときに、毎月の役員報酬は5万円などの非常に少ない金額に設定しておき、残りの2,340万円は役員賞与という形で一気に払う形にすると、社会保険料の負担は劇的に減ります。

ただし、詳細は割愛しますがこの方法を実施できるのは資金繰りに問題がない会社のみです。実際にやりたいという方は、専門家に相談しメリット・デメリットを把握したうえで取り組んでみてください。

節税6　退職金の支払いを工夫する

現役時代にたくさん役員報酬をもらうのではなく、退職金で一気に受け取るというのも税金面を考えると有効な方法です。

退職金は税金の計算上かなり優遇されているので、同じ額を給与でもらうよりも退職金としてもらったほうが、圧倒的に税負担は少なくなります。

たとえば、5年後、10年後など、引退時期を決めている経営者であれば、いまたくさん役員報酬を受け取るのではなく、退職金として一気に取ったほうが得なケースが多いです。

さらに、退職金には社会保険料がかからないため、トータルでの手残りを多くできます。

＼ **黒字格言** ／

最後の頼みの綱は経営者のお金です。
経営者は賢い節税策を活用して、
キャッシュを蓄えておくことも大切！

CHAPTER6 の まとめワーク！

この章の知識を自分のものにするため、以下のワークに取り組んでみましょう！

Q1

あなたの会社の借入金の一覧表を作成してみてください。

金融機関名	使途	種類	借入日	借入額	利率	支払日	返済月数	返済方法	返済期日	月返済額	プロパーか保証協会付か	担保	連帯保証人	備考	残高

⋮

Q2

運転資金を減らすためには、① [　　　　　] サイクルを短くする、② [　　　　　] サイクルを長くする、③ [　　　　　] のチェンジ（売上代金を前受けでもらう）、④ [　　　　　] を適正にし、必要以上にもたないように管理する、という４つの方法があります。

Q3

CCC（キャッシュコンバージョンサイクル）を、あなたの会社の商品の場合で計算してください。

ヒント：CCC ＝棚卸資産回転期間＋売上債権回転期間

　　　　　　　－仕入債務回転期間

答え

Q4

あなたの会社で、CCCを短くするために思いつく手段を書き出してください。

答え

Q5

資金繰りに余裕のない会社が「節税商品」などとうたわれる商品を購入すべきでない理由はなんでしょうか？

答え

Q6

節税の手段として適切なものを、次から複数選んでください。

A足場レンタル、B旅費日当、C節税保険、D社宅、Eマイニング投資、Fコインランドリー、G小規模企業共済、Hオペレーティングリース

答え

まとめワークの答え

Q1 → 自由回答

Q2 → ①入金、②支払、③ビジネスモデル、④在庫

Q3 → 自由回答

Q4 → 自由回答

Q5 → 節税商品と称されるものは、結局のところ投資商品であり、利回りも低いものが多く、資金繰りの改善には役に立たないから

※もしどうしてもやりたい場合には、資金繰りで困ることがない範囲で、節税目的ではなく、投資と考えて価値があるものに投資するようにしましょう

Q6 → B、D、G

さわりだけ！
経営計画を
立ててみよう

未来を
つくるぞ！

START!

2つのケースで
目標売上を計算してみる

　最後に、いままでの総まとめとして、簡単な経営計画を立ててみましょう。書き込み式にしているので、みなさんも自社の決算書や帳簿などを手元において、計算してみてください。

　会社の将来をデザインするのは、社長にしかできない仕事です！　経営計画を立て、現状を把握して、課題・問題点を抽出してテコ入れし、改善していくことを繰り返していけば、会社は必ず良くなります。地道にPDCAをぐるぐる回していくのが、実は一番の近道なのです。

　ただし、その前提条件として、まずは経理体制を構築すること、そして、簿記の知識が必要です。

　未来の経営計画は、会社が儲かっているからつくるのではなく、つくっているから会社が儲かるのです。

　よく鶏が先か卵が先かという議論がありますが、これだけは、何が先かは決まっています。もちろん、経営計画が先です。

　これから、A社とB社の2つのケースで、必要利益から逆算して必要な売上＝目標売上を算出してみます。A社とB社の事例を参考にしながら、なんとなく立てていた売上目標から、根拠のある売上目標に変えていきましょう。

ケース1

借入返済分のキャッシュを確保するための目標売上は?

　A社は借入金の返済が年1,000万円あります。これを返済するためには、最低でもいくら売り上げればよいのか、目標売上を算出してみましょう。

A社

借入金元本返済額	1,000 万円
固定費	6,000 万円
限界利益率（粗利益率）	70%
減価償却費	300 万円

自社の数字を書き込もう！

自社

借入金元本返済額	＿＿＿＿万円
固定費	＿＿＿＿万円
限界利益率（粗利益率）	＿＿＿＿%
減価償却費	＿＿＿＿万円

STEP 1 必要な利益を計算する

　まず、借入金の返済のために必要な利益（当期純利益）を求めます。A社の借入返済額は1,000万円ですが、減価償却費が300万円あります。180ページでもふれたように、減価償却費はキャッシュアウトを伴わない経費であるため、その分のキャッシュは確保されていると考えます。

　そこで、借入金返済額1,000万円から減価償却費の300万円をマイナスして、必要な当期純利益は700万円と計算します。

次に、必要な税引前利益（税引前当期純利益）を求めます。利益にかかる税率が約30％とすると、税引前利益のうち30％は税金としてキャッシュアウトし、残り70％が返済原資となります。そこで、先ほどの700万円を70％で割り返し、必要な税引前利益を求めます。A社では、700万円÷70％＝1,000万円です。

> **あなたの会社で必要な利益はいくらですか？**
>
> 当期純利益＝
>
> 税引前利益＝

STEP 2 必要な限界利益（粗利益）を計算する

　A社の固定費は6,000万円です。そこで、STEP1で計算した税引前利益に固定費を足して、必要な限界利益を求めます。

　A社では、1,000万円＋6,000万円＝7,000万円になります

> **あなたの会社で必要な限界利益はいくらですか？**
>
> 限界利益＝

STEP 3 必要な売上（目標売上）を計算する

　A社の限界利益率は70％なので、限界利益7,000万円を70％で割り返します。必要な売上高は1億円だとわかりました！

> **あなたの会社で必要な売上はいくらですか？**
>
> 売上＝

経営計画策定の考え方（借入返済分のキャッシュを確保する）

毎年の借入金元本返済額1,000万円
必要な当期純利益＝1,000万円－減価償却費300万円＝700万円
必要な税引前利益＝700万円÷70％＝1,000万円
必要な限界利益＝1,000万円＋固定費6,000万円＝7,000万円
必要な売上＝7,000万円÷限界利益率70％＝１億円

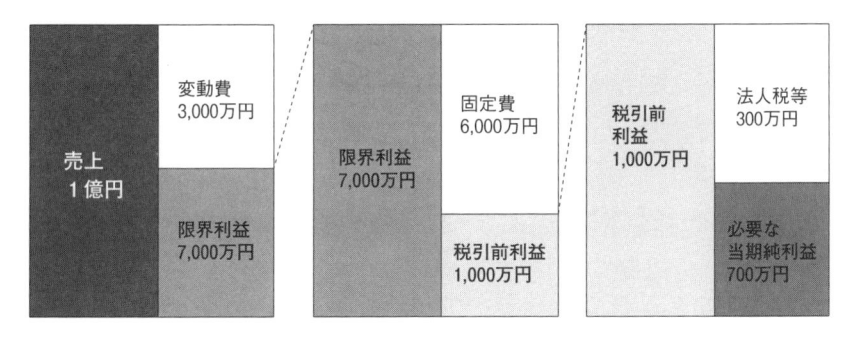

必要利益から逆算する

注意ポイント

　目標売上を達成するために必要な利益を確保するためには、限界利益率を下げたらダメですし、固定費が増えてもダメです。これらに変動があった場合は、必要となる売上高が増えてしまうので、当初の目標売上高を達成しても借金返済に足りなくなってしまいます。

　借金が減ると自己資本が増えるので決算書の内容は良くなっていきます。必要利益の確保を繰り返していけば、いずれ借金がなくなり、自己資本経営ができるようになります。

ケース 2

5年後に自己資本比率50%を達成するための目標売上は?

　B社は自己資本比率が約3.3%しかなく、非常に弱い財務状態です。そこで、5年後に自己資本比率50%を目標にする経営計画を立てます。

B社

総資産（総資本）	1億5,000万円
自己資本	500万円
固定費	5,000万円
限界利益率（粗利益率）	70%

自社の数字を
書き込もう!

自社

総資産（総資本）	＿＿＿＿万円
自己資本	＿＿＿＿万円
固定費	＿＿＿＿万円
限界利益率（粗利益率）	＿＿＿＿%

STEP 1 必要な利益を計算する

　5年後に自己資本比率50%にするということは、総資産（総資本）1億5,000万円の50%で自己資本7,500万円を目指すということです。

　現在の自己資本は500万円ですから、5年間で7,000万円の自己資本（内部留保）を増やす必要があります。

　必要な利益（当期純利益）は、これを5年で割って、年間1,400万円（7,000万円÷5）だとわかります。

　ここから先は、Ａ社のＳＴＥＰ１以降と同様の計算になります。

　必要な当期純利益を達成するために必要な税引前利益は1,400万円を70％で割り返して2,000万円（1,400万円÷70％）となります。

あなたの会社で必要な利益はいくらですか？

当期純利益＝

税引前利益＝

STEP 2 必要な限界利益を計算する

　必要な限界利益は、税引前利益2,000万円に固定費5,000万円を足して、7,000万円となります。

あなたの会社で必要な限界利益はいくらですか？

限界利益＝

STEP 3 必要な売上（目標売上）を計算する

　必要な売上高は限界利益7,000万円を限界利益率70％で割り返して１億円（7,000万円÷70％）となります。

　必要な売上高は１億円だとわかりました！

あなたの会社で必要な売上はいくらですか？

売上＝

経営計画策定の考え方（自己資本比率50%を目指す）

総資本１億5,000万円
目指す自己資本＝１億5,000万円×50%（目指す自己資本比率）＝7,500万円
増やす自己資本＝7,500万円−自己資本500万円＝7,000万円
必要な当期純利益＝7,000万円÷５年＝1,400万円
必要な税引前利益＝1,400万円÷70%＝2,000万円
必要な限界利益＝2,000万円＋固定費5,000万円＝7,000万円
必要な売上＝7,000万円÷限界利益率70%＝１億円

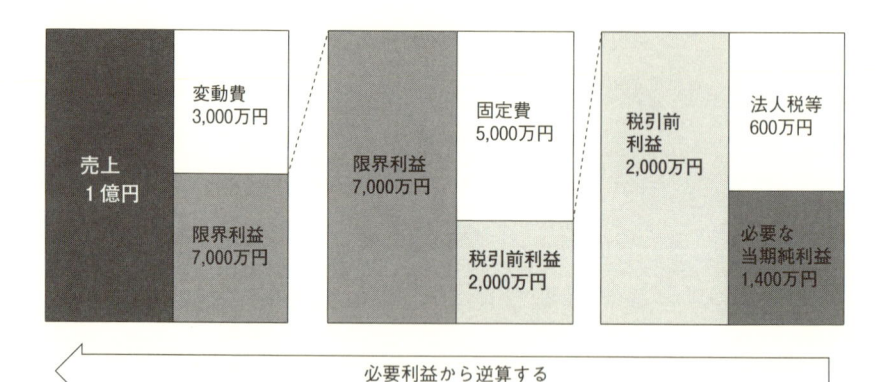

必要利益から逆算する

注意ポイント

　B社では、固定費と利益率が一定で１億円の売上を５年間続けることができれば、目標とする自己資本比率50%は達成することができます。自己資本比率が50〜60%程度になると、実質無借金経営に近づきます。どこを目指せばいいかわからない方は、金融機関の評価も最高となるため、自己資本比率60%を目標にするとよいでしょう。評価が上がれば、代表者の連帯保証も不要になる可能性があります。

　実現するには５年、６年と時間はかかりますし、すべての会社ができるわけではありませんが、実現すれば、かなり強い財務体質になり、経営者も自信をもって経営していける状態になります。

経営計画を立てる際に大切なこと

経営計画を立てる際に大切なのは、**経営者自らが主体となって実行可能な数値目標を策定し、その計画を達成するためのアクションプランを考える**ことです。そのことによって、経営計画が経営者自身のものになり、実現性が高くなっていきます。

よく顧問税理士などが主体となって経営計画を策定することがありますが、その場合、経営者は自分の計画という意識をあまりもてなくなり、計画が絵に描いた餅になってしまいがちです。

経営計画が経営者自身のものになれば、金融機関などと融資の話をする際も、経営者の口から計画について説明することができるようになるので、心証が間違いなく良くなります。

たとえば、借入金を短期継続融資に変えたいと思っても、なぜそうしたいのか、決算書をもとに経営者が自身の言葉で説明できなければ、条件変更もむずかしいでしょう。そのためには、やはり前提条件として、数字の知識、簿記の知識が必要です。

日本一の経営コンサルタントといわれる故一倉定氏は、「**経営計画に時間をかけることが、時間のもっとも有効な活用方法である**」と言っています。

どういうことかというと、計画に費やした時間の数千倍、数万倍の時間がそれ以降に節約できるからです。仮に1年で利益が2倍になれば、1年間節約したことになりますよね。

みなさん！　勝ち続けるのは、成果が出ることが確定していなくてもやり始める人、そしてそれを継続できる人たちですよ！

おわりに

　絶対に潰れない強い会社に成長することを支援したい、中小企業経営者を数字に強い本物の経営者に成長させ、"手残り"を増やし、資金繰りの不安から解放させたい、成功の道筋を示して経営する喜びや楽しさをもっと感じていただきたい、そんな思いで綴ったのが本書です。

　頭がいい経営者、会社にしっかりキャッシュを残せる経営者は、数字の知識を身につけて、問題を的確につかみ、的確な改善策を実行していきます。会社をグンと成長させ、強い財務体質の会社に育てていきます。

　しかし、実際にそれができる経営者は、ほんの一握りです。9割以上の経営者は、経営に関するお金の使い方、守り方、数字の正しい知識がないために、実力を発揮できず、苦しんでいます。

　それって、もったいないですよね‼　数字の知識があるか、ないかだけで違いが出るなんて。

　私は1,000社以上の財務指導をする中で、「ビックリするほど変わった」という会社をたくさん見てきました。その成功事例をとおして、本書は、ここがわかればきっと会社を変えていける、そんな経営者の方にぜひ知っておいてほしい知識を厳選して掲載しています。ですから、最後まで読んでいただいた方は、すでに成長企業への一歩を踏み出していると確信しています！

　そして、必ず会社を守り抜いてください。

　明日、人生が終わるとしても今日それをやる！

　毎日そう思えるようなライフリッチな人生を実現してほしい。数字と向き合うことで、経営が心の底から楽しくてたまらくなる、そんな充実した経営者人生を、本書を読んだ方には送っていただきたいと、心から願っています。

市ノ澤　翔

最新の節税・税制改正・資金繰り etc
YouTube では公開できないお金に関する情報を
LINE 登録者限定でコッソリお届け！
LINE 公式アカウント「市ノ澤翔｜賢い社長のお金の残し方」

https://qrtn.jp/3buue7r

※ KADOKAWA のサービスサイトを経由して、著者の LINE アカウントに遷移します。

■ PC／スマートフォン対象（一部の機種ではご利用いただけない場合があります）。■パケット通信料を含む通信費用はお客様のご負担になります。■システム等のやむを得ない事情により、予告なくサイトの公開や本企画を中断・終了する場合があります。■上記 LINE アカウントは著者が代表を務める会計事務所 Monolith Partners が管理・運営しています。株式会社 KADOKAWA ではお問い合わせ等をお受けしていません。

【お問い合わせ】
会計事務所 Monolith Partners
https://monolith-partners.net/contact/

※2024年12月時点の情報

頭がいい社長は"会社のお金"のココしか見ない
90日で手残りを増やす「武器としての簿記」

2025年1月14日　初版発行
2025年6月20日　5版発行

著者／市ノ澤　翔

発行者／山下　直久

発行／株式会社KADOKAWA
〒102-8177　東京都千代田区富士見2-13-3
電話　0570-002-301(ナビダイヤル)

印刷所／TOPPANクロレ株式会社

製本所／TOPPANクロレ株式会社

●お問い合わせ
https://www.kadokawa.co.jp/（「お問い合わせ」へお進みください）
※内容によっては、お答えできない場合があります。
※サポートは日本国内のみとさせていただきます。
※Japanese text only

定価はカバーに表示してあります。